La Faculté n'entend donner aucune approbation ni improbation aux opinions émises dans les thèses; ces opinions doivent être considérées comme propres à leurs auteurs.

FACULTÉ DE DROIT DE L'UNIVERSITÉ DE PARIS

PHILOSOPHIE DU TRAVAIL

THÈSE POUR LE DOCTORAT

L'ACTE PUBLIC SUR LES MATIÈRES CI-APRÈS

Sera présenté et soutenu le Lundi 10 Juin 1901 à 10 h. du matin

PAR

G. DE PAWLOWSKI

Président : M. BEAUREGARD, *professeur*.
Suffragants : { MM. DESCHAMPS, *professeur*.
SOUCHON, *professeur*.

PARIS
V. GIARD & E. BRIÈRE
LIBRAIRES-ÉDITEURS
16, rue Soufflot, 16

1901

FACULTÉ DE DROIT DE L'UNIVERSITÉ DE PARIS

PHILOSOPHIE DU TRAVAIL

THÈSE POUR LE DOCTORAT

L'ACTE PUBLIC SUR LES MATIÈRES CI-APRÈS
Sera présenté et soutenu le Lundi 10 Juin 1901 à 10 h. du matin

PAR

G. DE PAWLOWSKI

Président : M. BEAUREGARD, *professeur.*
Suffragants : { MM. DESCHAMPS, *professeur.*
SOUCHON, *professeur.*

PARIS

V. GIARD & E. BRIÈRE

LIBRAIRES-ÉDITEURS

16, rue Soufflot, 16

1901

THÈSE

POUR

LE DOCTORAT

CHAPITRE PREMIER

DE LA PHILOSOPHIE DU TRAVAIL COMME INTRODUCTION
A L'ÉTUDE DES QUESTIONS SOCIALES

De l'avancement général des sciences exactes au cours du siècle dernier. — La sociologie et l'étude des faits. — Des limites de la science. — La science ne peut intégralement rendre compte du savant. — De la connaissance. — La science ne peut atteindre que le passé. — Son insuffisance en présence du progrès. — De la méthode philosophique. — L'homme supérieur à l'Etat. — De la philosophie du travail. — Le loisir. — De l'étude du travail comme introduction générale à l'étude de l'homme social.

Un fidèle disciple de Quesnay, Le Trosne, en son sixième discours de l'Ordre social, suppose que plusieurs voitures se croisent au milieu de la nuit dans un chemin traversé par plusieurs autres, environné d'arbres et de ravins. Les conducteurs s'agitent beaucoup et se tourmentent : ils ne s'approchent que pour se heurter ; ils savent tous où ils veulent aller, et chacun prétend avancer, sans qu'aucun puisse assurer quel est le chemin qu'ils doivent choisir ; on s'échauffe, on dispute avec chaleur, on emploie la violence pour prouver qu'on a raison.

Cependant, les injures et les coups ne tirent personne d'embarras. Le jour paraît, tout est d'accord, chacun enfile sa route.

Et, sûr de posséder les vérités éternelles sorties de la terre, l'heureux physiocrate ajoute : Tel est l'effet de l'ignorance, tel est celui de la lumière.

Nous aimons à penser que si Le Trosne vivait à notre époque, l'extrême complexité de notre effort social n'ébranlerait en rien ses convictions touchant aux lois naturelles de l'Ordre. Toutefois, dans leur application pourrait-il découvrir que l'ignorance seule n'est point un obstacle à l'établissement des principes premiers et que les innombrables et merveilleux progrès de la science rendent la solution des grands problèmes plus difficile encore en en multipliant les données à l'infini. C'est ainsi que la tâche de l'historien devient de jour en jour plus ardue et qu'il semble plus sûr d'écrire aujourd'hui l'histoire du moyen âge sur quelques documents souvent naïfs, mais d'une critique facile, que celle d'un simple fait contemporain à la documentation énorme mais, par là-même, infiniment dangereuse et complexe.

Au cours du siècle dernier, l'activité économique du monde s'est modifiée plus profondément qu'elle n'avait pu le faire pendant trente siècles de son histoire et ce développement sans précédent, correspondant rigoureusement à celui des sciences de la nature, nous a suffisamment montré que nous devions tout attendre des recherches positives et de l'avancement des sciences exactes. Nous avons compris que les transformations sociales dépendaient essentiellement de ces progrès positifs, que le sort de notre activité individuelle était lié à ce mouvement général, que les spéculations métaphysiques, impuissantes à rien créer, malgré le crédit séculaire qui leur avait été fait, n'étaient que le vain reflet des sociétés anciennes et qu'en définitive nous ne faisions, à les poursuivre, que laisser la proie pour l'ombre.

Dès lors, ne semblait-il pas inutile de vouloir établir de soi-disant principes premiers comme préface essentielle de toute science, puisqu'un simple examen attentif de l'histoire doctrinaire suffit à nous prouver qu'ils n'en sont jamais que la table des matières? Et cette table elle-même n'était-elle point superflue, puisque le livre tout entier ne devait être jamais qu'une vaste encyclopédie, toujours ouverte, dont chaque article se complète de lui-même? Sans doute peut-on regretter l'ancienne universalité métaphysique de la connaissance et se détacher avec peine des bavardages mystérieusement attirants de l'antiquité et de la Renaissance, mais, enfin, faut-il bien se persuader que ces regrets demeurent parfaitement égoïstes, qu'ils ne nous viennent par atavisme que de cette ambition enfantine et irréalisable de tout connaître par nous-mêmes, sans effort, alors que tout l'effort social se suffit à peine à se connaître un peu et qu'en fin de compte, le progrès général, seul réel et vrai, ne s'accomplit que dans les détails et par la spécialisation.

C'est ainsi que depuis François Bacon, lentement d'abord, les sciences de la nature créées successivement par des spécialistes de génie se sont détachées une à une du groupe commun. Elles s'en sont détachées dans l'ordre même de leur complexité et il n'est point surprenant de remarquer que cette libération est devenue d'autant plus douloureuse aux idées métaphysiques qu'elle s'appliquait à une science plus élevée. Au surplus, durant tout le cours de cette lente évolution, les anciennes idées métaphysiques, définitivement fixées par la théologie, restent identiques à elles-mêmes et si de prodigieux efforts furent tentés par des Descartes et des Leibnitz pour les relier encore aux sciences positives du nombre et du mouvement, celles de la physique et de la chimie ne tardèrent pas à se constituer sans se soucier d'établir autre chose, entre elles et la métaphysique, que de simples rapports de convenance.

Mais, à mesure qu'une science plus complexe se constituait, l'indépendance tendait à se changer en antagonisme. Cuvier pouvait retarder le scandale d'un Lamarck, le conflit n'en devait pas moins éclater plus violent avec Darwin, l'élève imprévu de Malthus. Les sciences, dans leur longue reconstruction expérimentale, revenaient enfin à l'homme, elles ne devaient point tarder à l'envelopper. Un dernier pas restait à accomplir pour rétablir l'unité ancienne, mais en dehors, cette fois, de toute métaphysique. Ce dernier pas a été franchi par la création de la Sociologie.

Auguste Comte, en classifiant les sciences d'après leur complexité croissante et leur généralité décroissante, a baptisé, comme on le sait, la Sociologie et la plaçant en dernier, lui a donné pour ancêtres toutes les autres sciences : la Mathématique, la Mécanique (céleste et terrestre) la Physique, la Chimie et la Biologie. Cette classification, en outre, de son louable effort systématique, a le grand avantage d'élargir le champ de recherches de chaque science et, en particulier, de la dernière ; elle nous avertit, tout en même temps, que la Sociologie doit être la plus difficile des sciences puisqu'elle opère sur des ensembles d'une infinie complexité alors que l'esprit humain, par sa consciente unité, se sent naturellement porté vers l'étude des simples. Mais, si la véritable nature des choses répugne à toute idée d'unité, si c'est par la variété que naissent les phénomènes, on en pourra conclure que la Sociologie, par le fait même qu'elle se prête mal aux déterminations étroites, se rapproche par sa complexité même plus qu'aucune autre science des réalités naturelles.

La création effective des sciences heureusement réussie par la seule étude des phénomènes, semble donc, de nos jours, condamner définitivement à l'oubli ces principes premiers dont la métaphysique ancienne s'efforçait en vain de déduire le monde et de fait, le monde étant composé de phénomènes, ne paraît-il pas logique de rechercher la réalité dans ce que l'ancienne métaphysique eut appelé des accidents plutôt que dans une substance par définition même sans relations possibles et toujours identique à elle-même? Au surplus, cette méthode est la méthode même de notre esprit et rien n'existe, semble-t-il, pour nous en dehors des faits. Les sciences sont les pensées qui nous représentent ces faits, elles ont donc la même réalité que ces faits eux-mêmes, on peut donc, à leur tour, les analyser comme des faits et cette science des sciences s'appelle la logique. On ne discute rien, on constate, car nous ne connaissons des corps que nos impressions et nous ne les définissons jamais que par nos impressions présentes ou passées, futures ou possibles, complexes ou simples « Cela est si vrai que des philosophes comme Berkeley ont soutenu avec vraisemblance que la matière est un être imaginaire et que tout l'univers sensible se réduit à un ordre de sensations..... Tout ce que nous apercevons en nous-mêmes, dit Stuart Mill, c'est une certaine trame d'états intérieurs, une série d'impressions, sensations, pensées, émotions et volontés. Tout l'effort de notre science sera d'ajouter des faits l'un à l'autre ou de lier un fait à un fait (1) ». C'est ainsi que les « principes véritables de l'économie politique reposent sur les faits..... Nous ne pouvons pas démontrer qu'un principe est juste ; cela ne nous importe pas et nous ne cherchons pas à le faire. Quand une pierre tombe sur un honnête homme au lieu de tomber sur un coquin, elle n'en tombe pas moins. Cela n'est pas juste, mais cela est un fait..... nous examinerons donc chaque cas en particulier sans jamais invoquer un vague principe général (2) ».

Quatre méthodes seulement pourront, d'après Stuart Mill, nous faire pénétrer dans la nature, grâce à l'élimination : celle des concordances, celle des différences, celle des résidus et celle des variations concomitantes. La notion de cause ne doit point nous arrêter, nous appelons ainsi l'antécédent invariable et effet le conséquent invariable. Il n'y a là que des phénomènes qui forment des couples sans exception ni condition. L'induction consiste à

---

1. H. Taine. *Le Positivisme anglais*, pp. 21-28.
2. Alglave. *Cours ms. Sc. fin*, Paris, 1895-6, 96-7, 97-8 *in princip.*

former ces couples en les isolant par des comparaisons que nous appliquerons aux sciences primitives telles que la Physique, la Chimie et la Biologie.

Enfin, en général, au sommet de chaque science, en particulier pour la Mécanique céleste et la Sociologie, là où les effets se pénètrent tellement qu'on n'en peut isoler aucun pour le ramener à sa source, une nouvelle méthode : la déduction, suffit à nous diriger. Par l'étude de phénomènes plus simples, nous établirons des lois et ces lois nous les appliquerons ensuite aux phénomènes plus complexes qui devront les vérifier.

Le tout est d'employer la méthode convenable. Si Bacon a révolutionné les sciences physiques en leur appliquant l'induction au lieu de l'ancienne déduction, nous devons de même aujourd'hui provoquer de fertiles progrès en appliquant à la Sociologie la déduction en place de l'induction. C'est ainsi que les phénomènes biologiques seront déduits des lois chimiques et les phénomènes sociaux, des lois mentales. Mais il ne faut pas oublier que rien ne nous autorise à établir entre les faits une liaison universelle et nécessaire ; nous ne devons pas sortir du petit cercle de notre expérience. Il n'y a point de nécessité intérieure dans les faits et, si les lois en dérivent, elle n'en dérivent que çà et là. L'unité est une chimère « Le nombre des lois vraiment irréductibles est nécessairement beaucoup plus considérable que ne l'indiquent ces dangereuses illusions fondées sur une fausse appréciation de notre puissance mentale et des difficultés scientifiques (1). — Toute étude de la nature intime des êtres, de leurs causes premières et finales, etc... doit évidemment être toujours absolue, tandis que toute recherche des seules lois des phénomènes est éminemment relative puisqu'elle suppose immédiatement un progrès continu de la spéculation subordonné au perfectionnement graduel de l'observation sans que l'exacte réalité puisse être jamais, en aucun genre, parfaitement dévoilée (2)..... La philosophie positive est d'abord profondément caractérisée en un sujet quelconque par cette subordination nécessaire et permanente de l'imagination à l'observation qui constitue surtout l'esprit scientifique proprememeut dit en opposition à l'esprit théologique ou métaphysique (3) » C'est tout particulièrement dans le système des études sociales qu'il s'agit d'introduire cette tendance. Mélangées qu'elles sont en vertu de leur complication supérieure avec l'ensemble des passions humaines « elles devaient rester plongées plus longtemps que toutes les autres dans cette déplorable situation philosophique où

1. A. COMTE. *Cours de philosophie positive*, t. VI, pp. 601, sqq.
2. *Id*. T. IV, p. 216.
3. *Id*. Phys. soc., t. IV, p. 214.

elles languissent encore essentiellement tandis que les études plus simples et moins stimulantes ont été successivement dégagées pendant les trois derniers siècles (1) » Or, « n'est-il point sensible que cette transition positive de l'absolu au relatif offre aujourd'hui, en politique, le seul moyen réel de parvenir à des conceptions susceptibles de déterminer graduellement un assentiment unanime et durable (2) ».

L'achèvement de l'édifice scientifique, par l'avènement de la Sociologie, semble donc renverser définitivement l'inutile échafaudage métaphysique tout entier. Sans doute nous reste-t-il encore beaucoup à connaître mais le progrès ne saurait plus désormais, pour nous, se marquer autrement que par une richesse toujours plus grande de notre connaissance scientifique et force nous est bien de reconnaître que les plus grands esprits d'autrefois, sous une vaine apparence métaphysique, n'ont dû leur influence qu'à cet obscur instinct qui les poussait déjà, toujours plus avant, vers l'étude des faits.

Si Aristote, en entrouvant les portes de la nature plus de deux mille ans avant Bacon, Locke et Condillac, pouvait encore rester l'ami de Platon, la

1. A. Comte. *Id.*, p. 214.
2. *Id.*, p. 219.

doctrine du stagirite, introduite dans la scolastique tout imprégnée par les Arabes de néo-platonisme alexandrin, ne devait plus suffire à Roger Bacon. Déjà la méthode expérimentale, inaugurée par Telesio le précurseur de François Bacon, trouvait son véritable emploi entre les mains du Vinci et de Galilée. Campanella, élève de Telesio, faisait prévoir le socialisme saint-simonien et plaçant toute connaissance dans les sens, préparait la doctrine de Locke que Voltaire devait importer d'Angleterre. Enfin, si à la disparition des idées encyclopédistes, le mouvement spiritualiste semblait reprendre au commencement du siècle dernier, s'assimiler, en Écosse, la philosophie expérimentale et se transformer d'autre part en dogmatisme transcendental sous l'influence de Kant, Auguste Comte ne devait pas tarder à unir définitivement l'idée encyclopédiste à la philosophie expérimentale et en libérant définitivement la science de tout compromis théologique à refermer par la Sociologie le cercle légitime de nos recherches.

Les ténèbres anciennes sont dès lors dissipées comme le voulait Le Trosne, le soleil de la science se lève, seul maître du monde, le jour paraît enfin… comment se fait-il donc que personne ne soit d'accord et que chacun enfile une route différente ?

Il faut bien le constater : à aucune période de l'histoire les doctrines politiques et économiques n'ont paru plus obscures que maintenant, les écoles se multiplient chaque jour et il paraît aux esprits les moins clairvoyants que l'introduction des sciences positives dans le domaine des recherches sociales suffit à les plonger dans une incertitude radicale qu'il semble, jusqu'à présent, fort difficile de faire cesser. Et comme nous savons que la science, dans ses résultats, ne peut errer, force nous est bien de nous demander, avant toute chose, si cet échec ne vient pas d'une fausse application de la méthode scientifique à des recherches qui ne lui conviennent point.

On dit bien, le plus souvent, que la Sociologie est une nouvelle science, que son extrême jeunesse ne lui permet pas de donner, comme ses aînées, de solutions complètes et, de cela, nous demeurons d'accord tout les premiers ; mais quelle que soit la jeunesse d'une science digne véritablement de ce nom les premiers résultats qu'elle nous donne, si restreints qu'ils soient, sont aussi certains que les derniers et nous pouvons constater aisément que la Sociologie, depuis plus d'un demi-siècle qu'elle est née, ne nous a jamais rien donné de semblable dans le domaine qu'elle semblait devoir explorer.

Il conviendrait, en effet, de s'entendre une fois pour toutes sur les mots. Si la Sociologie se borne à enregistrer les faits politiques et économiques dans le passé et dans le présent, à les classer historiquement dans l'espace suivant leur ordre de succession externe, elle n'innove en rien et sa place ne semble aucunement marquée en dehors des constatations habituelles de l'histoire et de l'économie politique. Mais si la Sociologie veut prononcer un jugement sur la nature des idées humaines, si créant même une religion, elle prétend, en quelque sorte, marquer le terme de l'évolution et déterminer la valeur du progrès, elle ne peut le faire qu'en se basant sur une connaissance relative des causes et des fins, en discernant la qualité générale des choses dans le temps de leur simple exposé quantitatif dans l'espace, ce qui est le propre de toute recherche métaphysique. Et comme nous savons, d'autre part, que l'école positive ne veut d'autre méthode que celle de la science pure, la question se pose donc de savoir si cette méthode suffit à tout expliquer et si la Sociologie, abordant le problème moral, côtoyé seulement par toutes les autres sciences se trouve capable de le résoudre.

Enfin, comme la Sociologie se réclame toujours des sciences antérieures et plus particulièrement de la Biologie, nous avons à nous demander accessoirement si ces sciences elles-mêmes, inattaquables tant qu'elle demeuraient dans leurs strictes limites, ne deviennent pas à leur tour insuffisantes lorsqu'il s'agit de les donner pour base aux études morales et si, par contre coup, la Sociologie ne les a point entraînées parfois dans une nouvelle voie qui n'était point la leur.

Une erreur de méthode, fort commune, nous porte en effet à objectiver la science et à la considérer comme l'expression même du monde extérieur, oubliant ainsi que la science n'existe que par rapport au savant et que, si véritablement le monde doit exister objectivement, sa représentation ne nous en est pas moins toute personnelle et subjective. Cet oubli de l'instrument employé au profit exclusif de l'objet d'expérience est sans importance dans l'étude des sciences. Nous admettons *a priori* que notre façon de connaître est toujours identique à elle-même et nous l'admettons si bien que nous ne songeons même pas à la possibilité d'un changement de nature dans cette façon de connaître aux différents degrés de l'évolution. Nous disons qu'un animal n'a peut-être pas encore la notion distincte de l'espace et des nombres, mais nous pensons que si son intelligence augmentait il ne pourrait en avoir une autre idée que nous-mêmes qui descendons de lui ; de même entre des hommes d'inégale intelligence. Et comme ce n'est pas dans le monde extérieur, cause de nos sensations, que peut exister la cause de notre façon de connaître, force nous est bien de supposer que, plus ou moins développée par l'expérience, c'est toujours en nous-mêmes qu'elle se trouve, identique à elle-même.

Ce principe d'identité de la connaissance humaine (constitué selon certains philosophes comme V. Cousin par l'identité de la conscience), une fois admis, nous en supposons tout aussitôt un second qu'admettait implicitement Stuart Mill, à savoir que le cours de la nature est uniforme (1) et sur ces deux bases fixes, établies *a priori*, nous construisons l'étude, non pas certes des choses en elles-mêmes, mais de leurs différences dans l'espace, c'est-à-dire notre science tout entière.

Observons enfin que la possibilité même de cette étude ne peut résulter pour le philosophe que d'un troisième principe réunissant les deux premiers, à savoir celui de l'identité de l'être et de la pensée dégagé par Fichte et précisé par Hegel, principe qui nous ramène une fois de plus à l'ancienne et seule conception raisonnable que nous puissions avoir de l'univers, celle de l'identité du tout, inébranlablement affirmée depuis Spinoza.

De la science ainsi établie, nous nous disons parfaitement sûrs, elle peut n'être en vérité qu'un symbole de la réalité, mais peu importe, puisque ce symbolisme est exact et que, même traduits en une autre langue, des rapports ne peuvent jamais devenir faux.

1. The proposition that the course of nature is uniform, is the fondamental principle, or general axiom of induction (*System of. logic*, t. I, p. 317).

Mais avec l'introduction de la Sociologie en tant que science, la question se transforme.

La science, jusque-là purement descriptive, englobe sa propre cause, la connaissance prétend s'étudier elle-même objectivement et, sans que l'on puisse concevoir au juste comment cela se peut faire, le savant n'est plus pour lui qu'un objet de sa propre science sans réalité subjective.

De là le conflit.

Dès l'abord, nous prévoyons en effet, quelque chose d'illogique dans ce procédé qui consiste à nous donner pour maître notre propre ouvrage, à renfermer le contenant dans le contenu et ce fétichisme scientifique répugne à nos idées naturelles d'initiative et de liberté. Nous constatons que les progrès de notre esprit dépendent essentiellement de l'avancement des sciences, mais nous sentons encore mieux que cet avancement ne se peut continuer qu'en évitant avec soin de nous immobiliser dans des résultats acquis par nous à l'heure actuelle.

Enfin, en examinant les choses de plus près, nous ne tardons pas à nous apercevoir que la science a ses limites qu'elle ne saurait dépasser et qu'elle laisse en dehors d'elle ce qui fait tout justement l'objet des questions sociales que nous cherchons à résoudre.

Les discussions concernant les divers problèmes

sociaux ne portent pas, en effet, sur des phénomènes relevant du domaine scientifique pur. Personne ne contestera jamais la sincérité d'une statistique de douanes ni ce fait, par exemple, que du temps de Ricardo, un fabricant ayant conclu un traité avec une paroisse de Londres pour la fourniture d'enfants, devait accepter un idiot par vingtaine d'enfants sains à lui fournis; mais, lorsque nous quittons la simple description des faits pour découvrir le lien qui les unit, lorsque passant de la statique à la dynamique sociale, nous essayons de prévoir dans l'avenir la conséquence de nos actes, lorsqu'en un mot nous ne voulons plus observer mais agir, la science ne nous offre plus alors qu'un appui incertain et sa méthode, excellente pour classer historiquement les faits, ne sait plus introduire que l'immobilité dans un domaine où tout est mouvement et progrès.

La science, cependant, ne semble pas convaincue de son impuissance éthique et nous voyons chaque jour de nouvelles théories sociales s'établir en son nom sans jamais parvenir, toutefois, à fonder la Sociologie d'une façon définitive.

Ses efforts, certes, ne sont point inutiles, car ils éclairent toujours de nouveaux faits, hier encore inconnus, et si la science échoue dans l'ensemble, on peut affirmer qu'elle réussit invariablement dans le détail. Toutefois, son échec dans le domaine moral, succédant à celui de l'ancienne métaphysique, ne laisse point d'être inquiétant pour la conduite générale de nos idées et l'option proposée n'est guère satisfaisante entre un scepticisme égoïste sans but et un autoritarisme scientifique sans liberté et sans joie.

A la réflexion, nous comprenons pourtant que les solutions pessimistes ne sont jamais que des négations et que, dans l'univers, l'homme fut-il en réalité le plus malheureux des êtres, sa destinée serait de l'ignorer toujours puisqu'il ne peut être plus ou moins malheureux que par rapport à lui-même ou par rapport à ses semblables; or, qu'étant fait comme ses semblables, il peut prétendre à leur bonheur et que, par rapport à lui-même, il ne saurait se dépasser, tout son bonheur ou son malheur possible se limitant, en somme, aux bornes mêmes de sa possibilité d'action.

Enfin, nous pouvons penser que le seul fait de connaître et d'envier un certain degré de bonheur possible suffit à en garantir à chacun la future possession et que, si de nos jours le bonheur de quelques-uns ne peut s'assurer que par le malheur de beaucoup, cela ne peut venir que d'une insuffisante conception du bonheur, justifiable historiquement sans doute comme toute chose, mais destinée un jour ou l'autre à disparaître. C'est à la philosophie qu'il appartient de le montrer.

La science, elle, livrée à ses propres forces, ne peut jamais aboutir qu'à des solutions d'un pessimisme radical ou d'un optimisme illusoire et cela se conçoit aisément.

Ses théories basées légitimement dans l'espace sur une conception objective et fragmentaire de l'univers, ne sauraient atteindre l'idée objective de continuité dans le temps nécessaire à la solution de tout problème éthique. De plus, comme elles s'établissent toujours sur l'étude du passé, c'est à tort qu'elles prétendent avec ce passé constituer le devenir qui, par définition même, en demeure différent. Et, comme la seule raison d'être de toute évolution est de marquer un progrès, il n'est pas étonnant de penser que, la science par une sorte de mirage projetant l'image du passé dans le devenir, ses conceptions nous paraissent toujours profondément pessimistes puisqu'elles ne font que consolider et réglementer, pour le futur, la situation inférieure dont nous désirons déjà sortir.

Enfin, si ses conceptions peuvent nous sembler parfois optimistes parce qu'elles améliorent et réforment heureusement un état de choses que nous jugions défectueux, nous ne tardons pas à nous apercevoir que ce moindre mal, préférable sans doute quand nous le comparons au passé, devient tout à fait insuffisant dès l'instant qu'on nous le propose comme un idéal définitif et la solution pessimiste, reculée un instant, reparaît bientôt, invariablement liée au point de vue moral à toute théorie scientifique.

C'est ainsi que la science pure en matière sociale, représentée par l'économie politique classique, ne tarde pas à se transformer dès que l'on veut en généraliser les résultats et leur donner une portée ethique.

Forcée hors des strictes limites de son domaine, elle aboutit bientôt, soit à des conclusions d'un pessimisme radical basées sur les notions générales de sélection naturelle et d'état-organisme, soit à des conclusions d'un pessimisme retardé comme celles que nous fournissent les théories socialistes, ou plus exactement collectivistes, bornant le progrès humain au légitime mais insuffisant idéal d'une colonie biologique supérieurement organisée.

Cette insuffisance ethique des théories scientifiques n'a point échappé à leurs auteurs, mais la façon dont ils y ont porté remède, en écartant ce qui les gênait, peut paraître, à certains, par trop radicale. Ils ont supprimé le domaine moral de la réalité des faits ou tout au moins, renonçant à l'atteindre par les méthodes scientifiques, ils ont trouvé préférable de le placer au-dessous d'eux et de ne le plus considérer que comme un résultat accessoire de l'évolution.

Dès lors, ce que l'on appelait la raison de toute

évolution devient postérieure à cette évolution, la cause ne résulte plus que de ses effets, le mirage dont nous parlions plus haut se reproduit encore, mais retourné cette fois et nous prophétisons les faits qui viennent de s'accomplir.

L'être ne s'explique que par le milieu, mais en Sociologie c'est l'être qui produit son milieu; tautologie encore plus inadmissible que celle reprochée par Karl Marx aux économistes qui déterminent la valeur d'une journée de travail de douze heures par les douze heures de travail contenues dans cette journée.

Nous l'avons dit plus haut, dans l'étude de la nature cette insuffisance de méthode importe peu : de quelque façon que nous interprétions les faits, nous ne les créons pas, ils nous sont donnés, se développent sans nous et les raisons de leur développement peuvent nous échapper à jamais sans que les résultats de notre science s'en trouvent compromis; tout y est bien, par le fait même que cela est, et rien n'est à proprement parler ni meilleur ni pire. Mais dans l'étude des phénomènes sociaux, la question ne se pose plus ainsi, l'évolution devient consciente, ses progrès sont entre nos mains et ses erreurs dont nous souffrons c'est nous-mêmes qui en sommes responsables.

Déjà dans la nature il nous est difficile, malgré tout, de ne point reconnaître autre chose qu'une simple succession de faits due au hasard. Nous sentons, comme l'a dit Renan : « que les conditions de la création..... sont limitées par le balancement d'avantages et d'inconvénients contradictoires. C'est une courbe déterminée par la rencontre de ses coordonnées et écrite d'avance dans une équation abstraite..... La nature a une sorte de prévoyance : elle ne crée pas ce qui serait destiné à mourir par un vice interne. Elle devine les impasses et ne s'y engage pas (1) ». Mais nous savons aussi que si elle les devine, cette divination se compose de milliers d'essais en sens différents et chacun reconnaît maintenant quelle part énorme il faut faire aux regressions dans l'histoire de l'évolution.

Or ces tâtonnements, que le savant se borne à constater dans l'histoire des êtres, prennent une importance singulière dans celles des sociétés et la douleur que nous en éprouvons ne saurait nous laisser indifférents. Ici nous comprenons, lorsque nous souffrons, que cette souffrance aurait pu ne pas être, qu'elle ne résulte, en partie, que des déterminations que nous avons prises antérieurement et les justifications scientifiques ne sauraient dès lors dissiper nos regrets. Une chose n'est plus acceptable par le seul fait qu'elle existe; nous ne la considérons plus objectivement, par la méthode scientifique, comme

---

1. RENAN. *Feuilles détachées*, p. 429.

seule possible parcequ'elle est la seule donnée, mais nous la jugeons subjectivement en la comparant à d'autres choses qui auraient pu tout aussi bien prendre sa place et que nous concevons maintenant comme préférables pour nous.

En un mot peut-on dire que, si objectivement il n'y a point de morale puisque le choix n'est pas possible, la question se pose de savoir si, le choix étant possible subjectivement, nous pouvons établir les règles directrices de ce choix. Et cette question se ramène comme on le sait au double problème de la liberté et de l'existence de la loi morale.

Ce double problème ne se pose même pas pour la science, il fait au contraire le principal objet de toute philosophie.

Si nous acceptons exclusivement la méthode scientifique, nous devons nous contenter, pour nous mêmes, de solutions purement objectives et fragmentaires, excellentes à coup sûr pour analyser le passé, mais incapables de nous diriger vers le progrès; et nous ne pourrons, en quelque, sorte prévoir dans le devenir, que ce qui se trouve déjà établi dans le passé.

Mais, en vertu de la simple théorie des faits, si nous constatons que la science laisse toujours de côté certaines idées qui font cependant la base de notre action, si nous constatons même que tout ce qui est, à proprement parler action, c'est-à-dire progrès et liberté, échappe à l'analyse scientifique, que certaines notions directrices, fournies immédiatement par notre moi, ne sauraient relever d'une simple étude objective, nous en pourrons conclure, en toute assurance, qu'il est un autre domaine que celui de la science dont relève précisément ce qui fait l'objet et le but de nos recherches, c'est-à-dire le continu et le mouvement.

Et même si nous ne parvenions pas à explorer complètement cet autre domaine, il ne serait pas indifférent de savoir simplement qu'il existe.

En matière de méthode, les excès comme les abus de pouvoir sont un signe de désordre tout aussi inquiétant qu'en droit et la façon dont on prétend, de nos jours, subordonner l'esprit humain à la science qu'il a créée, en son sens n'est guère moins abusive, à six siècles de distance, que le Grand Art d'un Raymond Lulle aboutissant à la machine à penser.

« En politique, nous dit Auguste Comte, il est évident que malgré l'incontestable tendance des esprits actuels vers une plus saine philosophie, la disposition prépondérante des hommes d'Etat et même des publicistes, soit dans l'école théologique, soit dans l'école métaphysique, consiste encore habituellement à concevoir les phénomènes sociaux comme indéfiniment et arbitrairement modifiables, en continuant à supposer l'espèce humaine dépourvue de toute impulsion spontanée et toujours prête à subir passivement l'influence quelconque du législateur temporel ou spirituel, pourvu qu'il soit investi d'une autorité suffisante(1) ».

Mais si, nous dégageant de toute influence extérieure et découvrant tout justement en nous cette impulsion spontanée, nous pensons que les notions fragmentaires et immobiles de la science doivent toujours rester subordonnées aux idées générales de continu et de mouvement dont elles dérivent, nous pourrons refuser, à notre tour, de soumettre définitivement les vérités d'ensemble qui se développent en nous dans le temps, à leur représentation partielle et immobile dans l'espace.

Un peuple vaincu se replie sur lui-même, se réduit au strict nécessaire et retrouve peu à peu ses forces dans cette concentration prudente, mais cette contraction salutaire et désirée par tous en temps de crise, cesse d'elle-même lorsque revient la fortune; l'expansion recommence à la longue et semble alors, aux mêmes hommes, tout aussi naturelle et désirable.

Il en va de même pour l'histoire des doctrines.

La métaphysique des siècles passés ne nous a rien apporté de précis, les constructions de leurs

---

1. A. COMTE. *Cours de phil. posit.*, t. IV, p. 222.

philosophes, pour ingénieuses qu'elles soient, sont demeurées irréalisables dans la pratique, c'est alors qu'impuissant à escalader le ciel, l'esprit humain très logiquement s'est repris et a tout recommencé sur de nouvelles bases plus modestes, mais plus sûres.

Mais cette concentration de tous nos efforts vers la science pure, bonne tout d'abord tant qu'elle se limitait à la seule observation, cesse aujourd'hui sous l'influence des résultats acquis au cours du siècle dernier et notre esprit, attiré par l'indéniable certitude de la science, découragé d'autre part des anciennes spéculations métaphysiques qui le laissent toujours dans un état de trouble indéfini, se sent tout naturellement porté à introduire la méthode scientifique dans toutes les questions. L'insuccès qu'il semble rencontrer dans cette nouvelle voie n'est pas toutefois sans l'inquiéter.

Nous devons penser que cet insuccès ne peut venir que d'un défaut de méthode. D'une façon générale, nous voyons que la Sociologie tout entière qui, lors de sa naissance, se réclamait de la science en est réduite en réalité, depuis ses débuts, à invoquer un certain nombre de préceptes fournis par l'art, et cela, certes, ne nous autorise guère, jusqu'à présent, à la considérer véritablement comme une science.

« Il vaut beaucoup mieux, disait Descartes ne jamais songer à chercher la vérité sur aucune chose, que de le faire sans méthode, car il est très certain que des études sans ordre et des méditations obscures troublent les lumières naturelles et aveuglent l'esprit.... ce que confirme aussi l'expérience puisque, le plus souvent, nous voyons ceux qui n'ont jamais étudié juger beaucoup plus solidement et beaucoup plus clairement de ce qui se présente, que ceux qui ont toujours fréquenté les écoles (1) ». Or rien n'est plus ordinaire que de pareilles déceptions dans la recherche des vérités économiques. Nous construisons de patients et savants théorèmes sur le capital, le travail ou la rente, nous analysons minutieusement certains détails de la vie sociale et, finalement, lorsque nous nous trouvons ensuite en présence des exigences pratiques de l'action, force nous est bien de réintégrer ces abstractions scientifiques dans le milieu vivant dont nous les avions extraites; nous constatons que les termes du problème doivent être complétés par l'indication de quelques inconnues et qu'en un mot notre inutile et pénible voyage dans l'abstraction scientifique nous ramène à notre point de départ, à l'impénétrable complexité de la vie pratique.

Devant ces résultats négatifs, il n'est point étonnant que la foule reste indifférente puisqu'en fin de

---

1. DESCARTES. *Règles pour la dir. de l'esprit*, t. XI, p. 215.

compte il lui est aussi facile qu'aux sociologues de trouver d'instinct la solution empirique des problèmes sociaux ; plus facile même, car son expérience de l'action et son *ignorance scientifique* la rendent plus hardie.

Cependant, voici que dans ce chaos d'opinions obscures « la raison entreprend la tache épineuse et insidieuse de maîtriser la nature et pousse la témérité jusqu'à vouloir remplacer par l'opportunité consciente, l'opportunité inconsciente des institutions sociales, ainsi que les a faites la téléologie immanente : en un mot, il se forme une philosophie sociale (1) ». L'insuccès éthique de la science

---

1. Ludwig Stein. *Rev. internat, de soc.*, 1897, p. 63. Voir également sur la méthode : Beauregard *Cours ms.* (1896). *Histoire des doctrines économiques* in princ. : on dit aujourd'hui que l'économie politique est une science d'observation, c'est vrai, il faut beaucoup observer. L'observation a donné de beaux résultats et surtout la critique historique. Mais je réclame aussi les droits de la *raison*. Pour utiliser les observations il faut immédiatement les raisonner et ne pas se contenter de les empiler. La raison et l'observation sont inséparables et non seulement la raison éclaire souvent l'observation mais quelquefois encore, c'est-elle qui commence.... Il est à remarquer que ce sont les écoles qui ont le plus insisté sur l'observation, qui ont fait le plus œuvre de déduction *a priori*. Elles diront souvent en effet : telle institution fonctionne en Allemagne et y donne de bons résultats, donc, l'ayant observée je vais l'appliquer en France. Mais a-t-on le droit de dire que cette observation était suffisante pour donner un tel conseil ? Il faudrait deviner maintenant quel sera l'effet du milieu nouveau pour l'institution qui a réussi dans un autre milieu. C'est donc de la déduction *a priori*.

devenu de plus en plus sensible au cours de ces dernières années invoque contre elle la même réaction qui s'était déjà produite, en sens inverse, contre l'ancienne métaphysique au profit de la science. Mais si, comme on l'a fort justement pensé, le progrès se déroule à la façon d'une spirale, toute réaction accomplie dans le sens d'une idée ancienne ne saurait nous ramener d'où nous venons mais en un point plus élevé dans l'ordre de la connaissance et ce que nous appelons renaissance, en philosophie comme en art, n'est jamais qu'une adaptation aux idées nouvelles du fond commun des âges disparus.

La science, en réduisant toujours le domaine du mystérieux et de l'inconnu, ne fait en somme que le mieux situer et c'est pour cela que son œuvre est bonne et salutaire. Mais, quelqu'opinion que l'on puisse avoir sur ce point : que l'on pense avec les savants que la science pourra parvenir un jour à analyser objectivement tout ce qui lui échappe, ou que l'on pense avec les métaphysiciens qu'il existe une étude purement subjective ne relevant que de la seule conscience, il n'en est pas moins vrai qu'il existe encore aujourd'hui, en dehors de la science, tout un domaine qu'elle ne saurait atteindre et dont nous devons tenir compte, puisque c'est de lui que nous tirons, en somme, toutes nos idées de réforme, en un mot, tous nos motifs d'action.

C'est au philosophe qu'il appartient de l'explorer

ou, tout au moins, si cette tache se trouve encore, à l'heure actuelle, au-dessus de ses forces, d'en préciser suffisamment l'existence pour que l'on se trouve forcé désormais de poser cette inconnue dans l'énoncé de tout problème social.

Mais si la méthode scientifique procède habituellement du particulier au général, la méthode philosophique suit une marche inverse. Elle part de cette idée que nous avons en nous une véritable porte ouverte sur le mécanisme intérieur des choses et, s'appuyant sur l'hypothèse vraisemblable de l'identité, elle déduit la connaissance des choses de la conscience du moi.

Enfin, si pour le savant la méthode paraît seulement résulter de l'ordre naturel, pour le philosophe elle se confond exactement avec lui et le procédé même de notre connaissance devient celui de la création.

Sans doute, il ne faut point entendre par là, comme on l'a fait parfois trop superficiellement, que le philosophe prétend construire le monde avec ses idées, cela serait aussi absurde que le reproche fait à Hegel et aux philosophes de l'identité de prendre les réalités sensibles pour de pures conceptions de l'esprit, mais cela signifie tout simplement que, l'homme étant un produit de la nature et le plus élevé dans l'échelle des êtres, il doit résumer en lui et comprendre par son propre examen, l'œuvre tout entière de cette nature si économe de ses forces et de ses procédés ; enfin que, sans cette identité de nature, la connaissance des choses lui demeurerait complètement fermée.

C'est donc en nous, dans les données immédiates fournies par notre conscience, que nous devons chercher le principe actif de toutes nos actions ; c'est en nous que doivent s'unir toutes les données fragmentaires fournies par la science et, si véritablement nous sommes libres, c'est de nous que doit procéder originairement tout changement qualitatif et par là même tout progrès.

Et comme nous avons indiqué par ailleurs que la discussion des problèmes sociaux ne saurait porter sur des constatations scientifiques absolument indiscutables, mais bien sur les solutions dynamiques que l'on prétend pouvoir en tirer, il est facile d'en conclure que la seule méthode que nous puissions suivre en philosophie sera de tenir compte dans l'ordre social du développement et du progrès de notre individualité.

C'est ainsi que de la notion de l'être, se déduit tout aussitôt celle de l'effort engendrant à son tour l'action et puisque notre effort et notre action dans l'ordre social reçoivent ordinairement le nom de *Travail*, ce sera par l'étude de notre travail que nous pourrons atteindre celle des phénomènes sociaux.

Enfin, comme en philosophie le développement logique des faits se confond avec celui de la méthode, nous examinerons les solutions fournies par les doctrines scientifiques à l'égard du travail et si ces solutions, comme nous l'avons déjà supposé, ne suffisent point à expliquer et à retenir au passage cette idée qualitative et dynamique de travail immédiatement fournie par notre conscience, nous en pourrons conclure que la seule philosophie peut entreprendre cette tâche ou tout au moins démontrer qu'elle lui est réservée.

Toutefois, dans l'ordre même des recherches philosophiques, une grave question ne manquera pas de nous arrêter. Si l'homme représente véritablement sur terre l'individualité la plus élevée, c'est avec raison que nous pensons pouvoir atteindre subjectivement les phénomènes sociaux les plus complexes, mais si, comme on l'a prétendu et même très fortement soutenu, l'homme n'est plus qu'une cellule dans le corps social, si la Société ou l'Etat représente une individualité supérieure à l'homme, qui le dépasse et l'enveloppe dans l'échelle des êtres, il va de soi que notre méthode subjective ne saurait plus atteindre le phénomène social et que les idées que nous pouvons avoir sur l'infime partie que nous sommes de ce nouvel organisme ne sauraient nous permettre d'en déduire une idée d'ensemble.

C'est ainsi que l'obstacle théologique, reproché à

l'ancienne métaphysique, pourrait renaître sous un autre aspect dans la nouvelle philosophie, l'individualité supérieure du corps social nous demeurant tout aussi inaccessible que celle de Dieu, tant il est vrai que, dans l'histoire des doctrines humaines, les mêmes idées se retrouvent périodiquement sous des formes nouvelles.

Mais, si, nous dégageant de toute théorie spiritualiste offrant deux principes dans l'univers et nous conformant plutôt à la doctrine idéaliste, nous reconnaissons au point de vue méthodique que notre science actuelle n'est qu'un mode de développement de l'éternelle unité des choses que nous atteignons en nous, nous reconnaîtrons, tout en même temps, qu'il ne saurait y avoir dans le monde d'autre individualité supérieure à notre propre individualité, car on ne saurait concevoir un infini supérieur à un autre infini.

Et si véritablement nous représentons sur terre le dernier terme actuel de l'évolution, il nous faut renoncer à chercher en dehors de la personnalité humaine une individualité sociale qui lui soit actuellement supérieure. Aussi ne pouvons-nous penser, avec Hégel, que les individus ne sont que les modes de la substance générale représentée par l'Etat.

Car, un mode isolé n'est qu'une pure abstraction sans la substance qui lui donne sa réalité et, si nous sommes cette substance elle-même, on ne saurait concevoir une autre substance qui lui soit actuellement supérieure. Il n'y a pas de degré dans l'absolu et l'Etat, ou bien perdrait toute proportion en se confondant avec l'unité universelle des choses, ou bien perd toute réalité en se confondant avec notre propre personnalité. Aussi devons-nous penser que si véritablement l'absolu représente le but perpétuel auquel nous aspirons il n'en est pas moins vrai que cet idéal le plus élevé est en nous, que c'est en nous qu'il se développe sous forme de progrès et que toute organisation sociale, éminemment relative et transitoire, bien que paraissant dépasser les individus parce qu'elle les unit extérieurement et artificiellement, n'en reste pas moins inférieure à chacun d'eux.

L'organisation sociale n'est qu'un expédient, un *modus vivendi* indispensable pour favoriser le développement des individus et les empêcher de se nuire ; ce n'est point par l'extérieur que se peut réaliser la véritable solidarité, mais bien par l'intérieur, car c'est en nous que nous trouvons la véritable unité des choses. Aussi pensons-nous que si le but principal de la *science sociale* doit être de favoriser le développement de l'*individualisme*, le but de l'individualisme doit être de réaliser la *solidarité véritable* de tous les êtres.

A la *science* correspond l'étude de notre effort ou

de notre *travail*, mais il appartient à la *philosophie* de dégager les causes et les fins de cet effort.

Ne vouloir admettre que la méthode scientifique pour aborder l'étude de l'homme vivant en société, c'est, du même coup, n'admettre que le travail comme cause et comme fin du travail ce qui est absurde, et comme la science tend à tout socialiser, c'est faire du travail social le but unique de l'effort individuel. D'où les théories pessimistes qui naturellement retrouvent toujours le travail, l'effort et la peine dans un problème où le travail seul est donné. Et, certes, l'idée de l'effort individuel se sacrifiant toujours plus pour un dieu inconnu que personnifie la division toujours croissante du travail social, paraît quelque peu démoralisatrice et toujours moins séduisante (1). Enfin, elle ne nous explique point pourquoi certains hommes se voient de jour en jour forcés de se livrer à un labeur plus écrasant pour gagner strictement leur vie, si véritablement les progrès de la science tendent à décharger progres-

1. *Cf.* Sur ce point, le très important ouvrage de M. Durkheim. *De la division du travail social*, Paris, 1893. « On peut donc dire à la lettre que, dans les sociétés supérieures, le devoir n'est pas d'étendre notre activité en surface mais de la concentrer et de la spécialiser. Nous devons borner notre horizon, choisir une tâche définie et nous y engager tout entiers au lieu de faire de notre être une sorte d'œuvre d'art achevée, complète, qui tire toute sa valeur d'elle-même et non des services qu'elle rend » p. 451 et pp. 452, 294, 366 (note), 367 sqq.

sivement le travail humain en le faisant accomplir par des machines.

Mais au point de vue philosophique, les choses ne tardent pas à s'éclairer et à se présenter à nous sous un tout autre aspect ; car, tandis qu'à l'égard de la science le travail seul peut être un objet d'étude, nous voyons que la *philosophie du travail*, c'est-à-dire la recherche de ses causes et de ses fins, a pour base principale le *loisir* (1).

Dès lors, il nous devient aisé de comprendre que de tout temps, les hommes n'aient point recherché le travail, comme le laissent croire les théories scientifiques, mais tout au contraire s'en soient déchargés sur les forces naturelles qu'ils pouvaient s'asservir.

C'est pourquoi le progrès scientifique nous apparaît essentiellement désirable, non point certes pour que nous nous sacrifiions à lui, mais bien au contraire parce qu'il nous libère petit à petit de nos entraves naturelles. Nous comprenons aussi que le travail nous paraît plus ou moins acceptable suivant

1. « L'homme qui ne connaît pas la flânerie est un automate qui chemine de la vie à la mort, comme une machine à vapeur de Liverpool à Manchester... Socrate flâna des années, Rousseau jusqu'à quarante ans, La Fontaine toute sa vie... Et quelle charmante manière de travailler que cette manière de perdre son temps ? » R. Topffer. *Cf.* P. Lafargue *Le droit à la paresse, réfutation du droit au travail de 1848.* Lille, 1891.

qu'il est plus ou moins libre, c'est-à-dire qu'il ne nous est pas imposé par une nécessité extérieure ; et c'est ainsi que s'explique cette double contradiction : à savoir que de tout temps le travail est honoré comme le plus grand des biens et méprisé comme le pire des maux et que nous nous imposons avec joie les plus durs travaux, alors que nous n'en supportons qu'avec peine de beaucoup plus insignifiants.

Enfin, au point de vue social, cette subordination du travail au loisir, c'est-à-dire des exigences sociales à notre libre volonté individuelle, nous montre que si nous devons sans doute soumettre notre activité aux règles scientifiques dès que nous l'exerçons c'est-à-dire que nous la socialisons, l'origine de cette activité n'en reste pas moins individuelle. D'où nous pouvons conclure que notre volonté libre reste au-dessus de toute organisation sociale et que la société ne saurait, en aucun cas, nous contraindre à prendre part à une production que nous jugeons inutile ; mais que, dès que nous voulons agir, notre action s'appliquant forcément à des objets matériels devient, par la même, sociale et soumise aux lois scientifiquement établies par la société. Enfin, comme la nature de notre corps physique nous impose un commencement de socialisation qu'il nous est impossible d'éviter, nous devons admettre que nous restons soumis à la société et à ses lois pour tout ce qui touche aux besoins de notre vie dans le sens large du mot.

C'est ainsi que la recherche des causes et des fins du travail, s'opposant à l'étude directe qu'on en fait ordinairement (1), peut nous servir en quelque sorte d'introduction méthodique à l'étude des questions sociales, car il nous semble que ce peut être seulement en complétant les données scientifiques de travail, de quantité et de nombre, par les notions philosophiques de loisir, de qualité et de mouvement que l'on peut se faire une idée claire du progrès et de la double et véritable nature des choses.

1. A consulter tout particulièrement A. Liesse. *Le travail aux points de vue scientifique, industriel et social*, Paris, 1899.

CHAPITRE II

LE TRAVAIL FORCÉ ET LA CONQUÊTE DU LOISIR

De l'idée empirique de travail. — Double sens du mot travail. — Distinction apparente entre le travail intellectuel et le travail manuel. — Distinction réelle entre le travail forcé et le travail facultatif ou loisir, entre l'esclave et le citoyen. — Erreur des anciens qui prétendent réglementer le travail facultatif. — Le droit à l'existence reconnu au citoyen pauvre en Grèce et à Rome sans exiger de lui un travail économique. — La délivrance pour le citoyen de tout soin matériel. — L'utilisation des forces naturelles. — L'esclave. — La recherche du loisir et la tristesse de l'oisiveté. — De la vie active et de la vie contemplative. — Réaction philosophique contre l'organisation politique de la liberté individuelle. — Stoïcisme et christianisme. — Naissance de l'individualisme. — L'exploitation du dualisme spiritualiste au profit de la classe élevée. — Essai de conciliation bourgeoise. — Les théories du xvie siècle. — Les organisations sociales et les réactions idéalistes. — La Révolution française. — Première réaction sociale contre l'organisation sociale au cours du xixe siècle. — La critique scientifique de la société. — Nouvelle critique idéaliste de la critique scientifique et du spiritualisme.

L'idée de travail est aussi vieille que le monde ; en quelque sorte, peut-on dire que la première différenciation de toute l'évolution représente le premier travail et que le travail humain, tel que nous le connaissons, n'apparaît dans l'ordre des choses qu'après de longs siècles de travail antérieur.

Mais si l'idée de travail nous est connue de toute ancienneté, elle ne s'en trouve guère mieux élucidée pour cela et si nous la voyons se confondre avec les origines du monde, c'est le plus souvent pour en emprunter l'insondable mystère.

En France, nous ne sommes même pas d'accord sur l'origine exacte du mot travail et les controverses grammaticales ne sont point encore épuisées à l'heure actuelle sur ce sujet (1). En général, on peut

1. Etym. Vallon, *trava*, travail de maréchal ; provenç. *trabalh, trebalh, trebail*, fatigue ; espag. *trabajo* fatigue ; ital. *travaglio* travail de maréchal et fatigue. Il est impossible de séparer *travail* des maréchaux et *travail* peine, fatigue, pour la forme, ni même pour le sens ; car, de *travail* qui assujettit les animaux, on passe sans peine à *travail*, gêne, sens primordial (travail de labors, Job 454)... *Littré dict. de l. l. française*. Ferrari fait venir le mot *travail* du lat. *tribulum*, herse, d'où est venu le mot *tribulation* ; Sylvius de *transvigilia*, veille insomnie ; Muratori et autres de l'ital. *vaglio* tamis. L'ital. *travagliare* signifierait ainsi proprement secouer. Wachter a recours au Kymrique *trafod*, travail ; d'autres moins aventureux, au gaëlique *treabh* labourer ; Diez et Chevallet ne croient pas devoir sortir du domaine latin : *travar*, arrêter, empêcher, d'où le français *entraver*. *Travar* procède d'un subst. lat. *trabs*, poutre ; *travar* c'est proprement mettre des bâtons dans les roues, en travers ; de là se dégage l'acception contrarier, tourmenter. *Dict. univ.* Larousse. *Cf. Travaison*, entablement ; *travée*, espace entre deux poutres ; *travons*, pièce

dire toutefois que les nombreux sens qu'on lui attribue ne lui sont guère favorables : Travailler, c'est toujours éprouver un malaise, une souffrance physique ou une lassitude morale et cette interprétation du travail semble n'avoir pas varié depuis la plus haute antiquité.

Le sens étymologique du mot travail nous indique nettement l'idée générale d'un obstacle extérieur se mettant au travers de l'action humaine et si le travail suppose essentiellement un effort subjectif, il ne saurait s'expliquer sans une résistance objective qui s'oppose à notre action. En un mot il y a lutte et cette lutte suppose deux combattants ; l'homme et le monde extérieur au point de vue qui nous occupe.

Parfois enfin, le mot travail ne désigne plus que le succès obtenu par l'un des deux combattants sur son adversaire, mais bien que ce soit là une vérité banale il n'est point indifférent de remarquer que notre jugement sur la valeur de ce succès est opposé dans les deux cas. Lorsque nous voyons un objet

de bois d'un pont ; *travouil,* dévidoire ; *travouiller,* dévider ; *travoul,* bois édenté des pêcheurs pour plier les lignes. MANUEL LEXIQUE des mots françois non familiers. *Didot,* MDCCLV. *Cf.* TRAVEILLIR. Travailler, pener, charger de peines et de maux « les remèdes seront donnés au siècle traveillie, et mis en grande pestilence ». Conseils donnés par un particulier à Charles VI. *Dict. de la langue romane* MDCCLXVIII. *Cf.* anglais, *travel,* voyager.

travaillé par la main de l'homme nous jugeons que cela est bon et nous affirmons tout au contraire que cela est mauvais lorsque nous constatons qu'un homme est *travaillé* par le monde extérieur.

Ainsi donc nous affirmons que l'action de l'homme sur la nature est un bien et que l'action inverse est un mal et nous appelons cette action réciproque : le travail.

Dès lors, il n'est plus étonnant de penser que le mot travail renfermant deux idées opposées, symbolise tour à tour le bien et le mal dans l'histoire de l'humanité.

« Travailler, dit Proudhon, c'est dépenser sa vie, travailler... c'est se dévouer et mourir » Mais par contre « tout homme qui ne travaille pas — fardeau inutile à la terre (1) — nuit à la société dont il fait partie en même temps il se nuit à lui-même (2). »

Et si nous demandions à un esclave ou à un ouvrier ce qu'il pense du travail « synthèse vivante de la philosophie et de la théologie, véritable Somme économique et juridique des temps nouveaux » de ce travail qui « agrandit l'intelligence humaine par le verbe de Dieu et crie sous tous les vents du ciel, aux âmes affamées de justice que, loin d'avoir une impuissance désolée et maudite, il possède la vertu

---

1. Homère. *Illiade*, XVIII, v. 104.
2. J. Simon. *Le travail*, Paris, 1866, p. 15.

de la sanctification et du triomphe », de ce travail qui
« élève l'homme à son maximum d'énergie et d'indépendance, qui est pour chacun comme une seconde
et incorruptible conscience et dès lors, la manifestation la plus haute de la vie, de l'intelligence et de
la liberté (1) » cet esclave ou cet ouvrier répondrait
sans doute qu'heureux sont ceux qui ont le loisir de
développer de telles pensées mais que pour lui le
travail est la négation même de la liberté, de l'intelligence et de la vie.

Cette apparente antinomie a, de tout temps, préoccupé l'esprit humain et les solutions qu'on en a proposé, au cours des siècles, ne font que refléter les
idées propres aux différentes civilisations qui se
sont succédées sur notre globe. Toutefois, quelques
principes généraux sur le travail n'ont point tardé
à se dégager également chez tous les peuples et à
ne plus différer que dans leurs modes d'application.

Puisque le travail est nécessaire à l'homme, mais
que, dans ce travail, l'action de l'homme sur la matière est un bien, tandis que la réaction de la matière sur l'homme est un mal, il va de soi que le
genre de travail que l'on devra préférer sera celui
dans lequel l'action de l'homme est portée à son

---

1. AL. CAUMONT. *Physiologie du travail*. Maresq. 1862,
B. N.-R., p. 7906.

maximum pour un minimum de réaction, c'est-à-dire le travail communément appelé intellectuel.

En réalité, nous savons qu'il ne peut émaner de nous deux sortes d'action sur la nature et que, suivant la doctrine à laquelle on se rangera, spiritualisme ou matéralisme, cette action ne peut-être que purement intellectuelle ou purement matérielle mais comme dans les deux cas, la réaction du monde extérieur n'agit directement que sur notre corps matériel, nous en arrivons à diviser le travail en deux classes, suivant que cette réaction s'oppose plus directement à notre cerveau ou aux membres de notre corps qui forment plus spécialement le premier fonds naturel de nos moyens mécaniques d'action.

Et comme le travail du cerveau est plus spécialement un travail de direction dont l'action cherche toujours à s'étendre indéfiniment et à utiliser d'autres forces extérieures, tandis que le travail manuel intéressant toujours en premier lieu notre corps, n'utilise qu'un nombre de forces étrangères beaucoup plus limité, il est tout naturel que le travail cérébral infiniment plus puissant et plus économique que le travail manuel, lui ait été de tout temps préféré, car il ne subit les réactions extérieures qu'indirectement par l'intermédiaire d'autres forces dont il s'entoure, tandis que le travail manuel nous met plus directement en contact avec la nature.

Enfin comme le travail manuel semble imposé à

l'homme par sa nature physique, le fait de ne point y être astreint a toujours pu passer aux yeux des peuples pour un signe indiscutable de puissance puisqu'en définitive, ce travail devant toujours être accompli par d'autres forces, elles doivent être soumises à celle qui s'en libère.

Toutefois l'idée seule de réaction plus ou moins évitée, ne saurait nous donner une notion exacte de la classification des professions d'après leur ordre de mérite reconnu par le peuple et c'est bien plutôt par l'idée de puissance d'action qu'une telle classification peut être établie. Le travail cérébral d'un artisan est parfois considérable et son travail manuel presque nul, tandis que le travail d'un guerrier nous semble établi en proportion inverse, cependant nous voyons par les inscriptions et les bas-reliefs de Ninive ou de Babylone que les guerriers étaient honorés dans l'antiquité à l'égal des rois et des dieux tandis que les artisans ne s'y trouvent même pas mentionnés (1).

C'est que notre action, émanant toujours de notre intelligence et de notre cerveau, dirige comme nous l'avons dit, telle ou telle force qui lui est étrangère et que la valeur de cette action est estimée d'après la qualité des forces étrangères qu'elle parvient à se soumettre.

1. A consulter G. LE BON. *Les premières civilisations*, 1889, pp. 528 sqq.

L'artisan ne soumet jamais à sa volonté que des forces naturelles peu complexes, tandis que le roi ou le guerrier paraît soumettre ordinairement la force la plus élevée qui soit au monde, c'est-à-dire la force humaine.

Mais avec la civilisation on n'a pas tardé à comprendre que l'art de persuader les hommes était de beaucoup plus puissant que celui de les contraindre et c'est ainsi que les prêtres, les savants et les philosophes, se sont vus, de bonne heure, honorés à l'égal des rois et des guerriers et mieux encore, tout effort physique étant banni de leur action.

Chez les Egyptiens, nous raconte Hérodote, les gens de guerre jouissaient seuls, à l'exception des prêtres, de certaines marques de distinction et il ne leur était pas permis d'exercer d'autre métier que celui de la guerre. Il dit encore : « Je ne saurais affirmer si les Grecs tiennent cette coutume des Egyptiens, parce que je la trouve établie parmi les Thraces, les Scythes, les Perses, les Lydiens ; en un mot, parce que, chez la plupart des barbares, ceux qui apprennent les arts mécaniques et même leurs enfants sont regardés comme les derniers citoyens ; au lieu qu'on estime comme les plus nobles ceux qui n'exercent aucun art mécanique et principalement ceux qui se sont consacrés à la profession des armes. Tous les Grecs ont été élevés dans ces principes et particulièrement les Lacédémoniens ; j'en excepte toutefois les Corinthiens, qui font beaucoup de cas des artisans (1) ».

Or, nous savons que les Corinthiens, élevés dans le luxe et dans la mollesse, ne connurent pas plus dans l'antiquité la gloire des armes que celle de l'esprit et que, se rangeant toujours du côté du plus fort, ils ne furent même pas respectés de leurs propres colonies.

A Sparte, au contraire, « une des plus belles et des plus heureuses choses, nous dit Plutarque, dont Lycurgus ait faict provision à ses citoiens, c'est abondance de loisir ; car il ne leur est aucunement permis de se mesler d'aucun art mécanique : et de traffiquer laborieusement et péniblement pour amasser des biens, il n'en estoit point de nouvelle, parce qu'il avoit tant faict, qu'il leur avoit rendu la richesse ny honorable ny désirable : et les Ilotes leur labouroient leurs terres..... (2) ».

Platon voulait qu'aucun citoyen ni même le serviteur d'aucun citoyen n'exerçât de profession mécanique (3), et sur ce point le stagirite son élève devait avoir la même opinion que lui.

1. HERODOTE. *Histoire*, L. II, § CLXVII. *Cf.* J. CÉSAR. *Comm. de la g. des Gaules*, L. VI. In omni Gallia.... — C. C. TACITI de moribus german, p. 225. Ed. Juste Lipse. Anvers. C. Plantin 1589.
2. PLUTARQUE. *Œuvres morales*, trad. I. Amyot, f° 227-F-Paris Vascosan MDLXXV. *Cf.* XENOPHON. *Gouvernement des Lacédémoniens*, chap. VII.
3. PLATON. *Les lois*, L. VIII.

En effet, pour le chef de l'école péripatéticienne, les deux classes qui paraissent être les parties essentielles de la cité sont celle des guerriers et celle qui délibère sur les intérêts de l'Etat et juge les particuliers dans les questions de droit ; quant aux citoyens, ils ne doivent exercer ni les arts mécaniques ni les professions mercantiles ; car ce genre de vie a quelque chose de vil et il est contraire à la vertu. Il ne faut pas même, pour qu'ils soient véritablement citoyens, qu'ils se fassent laboureurs : car ils ont besoin de loisir pour faire naître la vertu dans leur âme et pour remplir les devoirs civils.

L'artisan n'a pas le droit de cité pas plus que toute autre classe dont les occupations sont un obstacle à la vertu ; les propriétés doivent appartenir aux citoyens et il est nécessaire que les laboureurs soient esclaves, barbares ou serfs et qu'ils ne soient pas très courageux. Ils feront ainsi d'utiles ouvriers et on n'aura pas à craindre qu'ils se révoltent. Du reste ce n'est pas d'aujourd'hui que la philosophie politique a découvert qu'il faut partager la cité en plusieurs classes sans confondre celle des guerriers avec celle des laboureurs. L'Egypte et la Crète, nous dit Aristote, conservent encore cette coutume ; on la fait remonter, pour les Egyptiens à la législation de Sésostris et pour les Crétois, à celle de Minos.

Remarquons enfin que, d'un cultivateur ou d'un artisan, il ne faut pas faire un prêtre, car c'est par les citoyens qu'il convient que les dieux soient honorés (1). L'idée de divinité s'oppose en effet, au premier chef, à celle de travail et nous voyons plus tard, à Rome, que les pontifes faisaient publier par les prœclamitatores qui précédaient les flamines ou grands prêtres de Romulus et de Mars qu'on eût à s'abstenir pendant les fêtes de tout travail, de crainte que, si le pontife apercevait quelqu'un occupé à travailler, la majesté de la religion et du sacrifice ne fût souillée. Du reste cet usage est commun à toutes les religions c'est-à-dire à tous les peuples.

Pour le prince des philosophes, la première condition du bonheur est donc de se dégager de tout travail manuel imposant un genre de vie sordide et mécanique. « Or, on doit regarder comme mécanique tout art, toute science qui rend incapable des exercices et des actes de la vertu le corps des hommes libres, ou leur âme ou leur intelligence. Voilà pourquoi nous appelons mécaniques tous les actes qui altèrent les dispositions naturelles du corps et tous les travaux qui sont mercenaires : car ils ne laissent à la pensée, ni liberté, ni élévation (2) ».

Et comme nous avons vu que la véritable raison de cette proscription est d'éviter, autant que possi-

1. ARISTOTE. *La politique*, L. II, ch. VIII, § 8. L. III, ch. II, § 8. L. IV, ch. VIII, §§ 2, 3, 5, 6, ch. IX, §§ 1, 9.
2. *Id*. L. V, ch. II, § 1.

4

ble, toute réaction de monde extérieur *travaillant* les formes naturelles de notre pensée, tout aussi bien que celles de notre corps, il faudra proscrire également toute profession libérale si l'étude que nous poursuivons n'a plus pour but notre seule utilité, mais celle des autres, car nous devenons alors de véritables spécialistes travaillant pour le compte d'autrui à la façon d'un artisan. En effet « lorsqu'on n'a en vue que sa propre utilité ou celle de ses amis, il n'y a rien d'illibéral ; mais le même travail qu'on fait pour d'autres semble souvent avoir quelque chose de mercenaire et de servile. Les sciences et les arts qui sont en vogue aujourd'hui ont cette double tendance (1) ».

On peut dire, en résumé, que le véritable bonheur n'est possible que pour un homme entièrement libéré des exigences naturelles, n'agissant jamais que de sa propre volonté et ayant, comme le voulait Aristote, un certain pouvoir pour exercer au besoin, cette volonté. Mais il va de soi que cette absolue libération du citoyen antique (impossible en fait puisque notre corps reste toujours sujet aux maladies) suppose tout au moins un asservissement complet des forces naturelles ; or les seules forces naturelles capables de remplacer exactement la force d'un homme ne pouvant jamais être, en fin

1. *Id.* L. V, ch. II, § 2.

de compte, que celles d'un autre homme, l'esclavage des uns peut seul assurer cette complète indépendance des autres.

De fait, nous savons que l'esclavage fut la base essentielle de la société antique (1) et l'esclavage grec et romain ne fut qu'un premier résultat de l'émigration, les petites tribus asiatiques conservant leurs traditions en devenant de grands peuples.

1. Plus restreint dans le Nord où l'esclave coûtait cher à entretenir et produisait peu, très développé au contraire en Orient où l'esclave coûtait peu et produisait beaucoup, l'esclavage se retrouve partout. Dans l'Inde Brahma fils de Para Brahma, en donnant l'être à l'humanité, engendre virtuellement l'esclavage : « Quoiqu'émancipé par son maître, disent les lois de Manou, un soudra n'est pas déchargé de son état de servitude, car par qui peut-il être dépouillé d'un état qui lui était naturel ? » Le soudra demeure le patrimoine exclusif des trois castes supérieures. En Chine, l'esclave (n'ou) existe de temps immémorial et comme l'esclavage se trouve lié partout à la création même de l'Etat, la servitude publique s'étendant parfois à des provinces entières (168 A. V. J. C.) paraît antérieur, en Chine, à la servitude privée. Chez les Hébreux, l'esclavage reste patriarcal, l'industrie étant peu développée (Exode XX, 10. XXI, 6, 9. 20-26. Deuter. XII, 12). Il en est de même chez les Gaulois où les ambactes et les soldarii sont plutôt des clients, chez les Germains et, dans les temps modernes, chez les musulmans. En général l'esclave étant un prisonnier de guerre appartient à une nation étrangère (asservissement des Juifs par les Egyptiens, des étrangers par les Juifs et les musulmans, des Chinois par les Mongols, des Slaves par les Tartares, des Indiens par les Espagnols et les Portugais). Souvent enfin il faut distinguer l'esclave de l'Etat et celui du particulier (Chine, Athènes).

Mais il faut bien le remarquer, une fois pour toutes, la distinction entre la classe des hommes libres et celle des esclaves ne saurait trouver son exacte justification dans la seule distinction établie entre le travail manuel et le travail plus spécialement intellectuel, car nous voyons des esclaves accomplir souvent des travaux purement intellectuels, d'éducation par exemple, et des hommes libres se livrer à des exercices purement physiques (1).

La véritable distinction repose sur ce simple fait que, dans la vie, l'homme ne saurait se dispenser du travail nécessaire pour assurer la subsistance de son corps, tandis qu'il peut ou doit pouvoir se dispenser de faire tous les autres travaux et ne les entreprendre jamais que librement, sur le temps de son loisir.

Aussi voyons-nous que le travail d'un artisan, même intellectuel, est réputé vil lorsqu'il est indispensable pour assurer le strict nécessaire à la vie de cet artisan, que le travail d'un esclave, même plus productif est réputé vil, car il ne donne jamais le loisir à l'esclave.

1. « Ce n'est ni l'effort mental ni l'effort musculaire qui est pénible à l'homme..... c'est l'attention soutenue.... pendant toute la vie sur un même but, c'est l'incertitude du résultat.... là est le travail proprement dit, celui qui fatigue et répugne, celui auquel on ne se livre que sous la pression du besoin tant que l'éducation et l'habitude ne l'ont pas rendu supportable ». COURCELLE SENEUIL. *Nouv. Revue*, 15 sept. 1891, p. 233.

Nous constatons que le travail d'un artisan, riche commerçant ou banquier, se trouve plus honoré parce que, tout en assurant la vie matérielle, il tend surtout à procurer un loisir possible, nous voyons enfin que la gymnastique, par exemple, purement manuelle et l'étude des arts, peuvent être considérées comme les plus honorables de toutes les occupations, si elles sont exercées par un homme entièrement libéré de tout souci matériel sur le temps de son loisir.

Dans la société antique, l'*esclave* représentait primitivement le *travail forcé* nécessaire à la vie physique et l'*homme libre* le *travail de loisir*. L'ordre économique de la famille correspondait au premier, l'ordre politique de l'état garantissait le second. Mais, en fait, cette division se trouva quelque peu atténuée, la *classe libre s'habituant de plus en plus à se décharger sur la classe servile de tout travail, même non nécessaire à la vie*, ce qui était une dangereuse erreur logique et l'*état politique prétendant, de son côté, réglementer l'emploi du loisir* et organiser la liberté (1). Cette double erreur devait amener une rapide décadence de la classe riche désormais privée

---

1. Cette fausse conception de la liberté se retrouve sous l'influence des idées de Rousseau et de Mably avec la Législative et la Convention. Saint-Just et Robespierre disaient après Rousseau : « Les lois de la liberté sont mille fois plus austères que n'est le joug des tyrans ». *Cf.* E. LABOULAYE. *L'Etat et ses limites*, pp. 129 sqq.

de toute activité individuelle véritablement utile et spontanée, ainsi qu'une réaction violente des théories idéalistes contre l'ordre politique qui s'était socialisé et, par là même, retournait au monde matériel au lieu de favoriser le développement de l'individualisme, en bornant strictement son intervention aux rapports entre particuliers.

Enfin, si nous croyons devoir affirmer que l'idée antique de reconnaître le droit à l'existence pour tous les citoyens fut parfaitement logique et doit nous servir d'exemple pour notre temps, il faut remarquer cependant que l'application qui en fut faite dans l'antiquité se trouva viciée dans son principe par l'institution parallèle de l'esclavage.

La reconnaissance du droit à l'existence s'impose en effet dans toute société véritablement organisée où s'affirme un ordre politique, c'est-à-dire l'existence du loisir. Car tous les membres de la société étant solidaires et ne devant leurs progrès matériels qu'à la présence des autres citoyens, *à leur tolérance ou à leur aide,* il n'est pas admissible que certains citoyens puissent périr de faim dans un état où d'autres citoyens peuvent jouir de quelque loisir. Car si véritablement il n'y avait aucun lien de solidarité entre les pauvres et les riches, ou bien les pauvres se réuniraient pour piller les biens des riches, ou bien les riches limiteraient la population ou excluraient les pauvres de leur état. Mais comme, en fait, les pauvres ne se révoltent *presque jamais*, on en peut déduire que, presque toujours, leur idéal, plus ou moins inaccessible, est de devenir riches et de prendre une place dans la société au lieu de la détruire et, d'autre part, que, les riches n'exilant *jamais* la classe pauvre, celle-ci leur est indispensable pour assurer leur propre loisir. Dès lors, si nous devons admettre la légitimité de grandes différences de fortune et de loisir entre les citoyens répondant à la diversité de leurs talents, il est nécessaire, par contre, de reconnaître une limite minima aux besoins biologiques indispensables pour entretenir la vie et de permettre à tous les citoyens d'en assurer la satisfaction, soit en leur laissant gagner leur vie indirectement en prenant part à la production générale, soit, en cas de chômage involontaire résultant des progrès de la science ou volontaire résultant des exigences de la concurrence, en leur assurant les moyens de produire directement ce qui est nécessaire à l'entretien de leur vie, soit en le leur donnant s'ils sont infirmes (1) ou incapables de travailler, la société ne faisant qu'imiter en cela ce qui se passe au sein de chaque famille.

Dans notre société moderne individualiste, ce prin-

1. Et cela même dans l'intérêt du travail valide, des infirmes fournissant parfois une main-d'œuvre « dégradée » qui « contamine » le marché du travail par sa concurrence. *Cf.* Sidney et B. Webb. *Industrial Democracy*, t. II, pp. 784 sqq.

cipe n'est pas encore admis (1) car la science étant encore en plein développement, la classe riche craint de voir l'intensité de la production diminuer en laissant

1. Le droit à l'existence toujours confondu avec le droit au travail n'a guère été compris jusqu'à présent. La constitution de 1793 le confondait avec l'assistance. « Les secours publics disait-elle, sont une dette sacrée », et les déclamations de Robespierre sur l'inviolabilité de l'existence, « droit auquel le droit de propriété d'autrui ne peut préjudicier », furent toutes politiques. Le 25 février 1848, Louis Blanc arrachait au gouvernement provisoire un décret par lequel il « s'engage à garantir l'existence de l'ouvrier par le travail. Il s'engage à garantir du travail à tous les citoyens » (*Bulletin des lois*, X^e série, n° 1, p. 10, n° 18) *Cf.* L. BLANC. *Hist. de la Rév. de 1848*, 1, 129. *Cf. Louis Blanc et la commission du Luxembourg*, *Annales des sciences polit.*, 1897, p. 187. La tentative échoua dans l'institution des ateliers nationaux « un prétexte d'assistance publique, un expédient d'urgence » selon le mot de Lamartine (*Hist. Révol.*, II, 112). « Sans remonter aux grands utopistes de la Renaissance, disons que la tradition moderne du droit de vivre se poursuit de façon ininterrompue en Angleterre pour le moins jusqu'à ces quakers du XVIIe et du XVIIIe siècle dont John Bellers est le plus connu et John Woolman (1720-72), le dernier découvert.... En France Claude Fauchet (1790), l'abbé de Cournand (1791), Momoro qui réclamèrent pour chaque homme « le domaine de son existence » en propriété foncière ; Rabaut-Saint-Etienne selon qui « les lois doivent faire le partage le plus égal des fortunes » ; Varlet qui déclare que « la liberté, la sûreté, la conservation individuelle des indigents sont des biens antérieurs à tous » ont à peine vu la lumière (*Cf.* AULARD. *Les orig. du soc. fr. Rev. de Paris*, 15 août 1899). On ne dit rien d'intelligible quand on revendique pour le travailleur le produit intégral de son travail car il y a dans toute denrée une partie matérielle que le travail ne produit pas..... et à laquelle nous donne droit notre seule qualité d'hommes. Dans tout système socia-

classe pauvre assurer directement sa propre vie. Sans vouloir entrer dans des considérations humanitaires il serait facile de montrer que cette crainte est parfaitement chimérique au strict point de vue utilitaire, mais nous nous bornerons à constater ici qu'elle existe. Dans la société antique, il n'en était pas de même, la classe des citoyens pauvres n'étant pas celle des producteurs, aussi le principe prit-il une rapide extension, mais l'institution qui en favorisait le développement le viciait tout en même temps ; car la reconnaissance du droit à l'existence, bonne tant qu'elle se contente de favoriser pour chacun la production directe des objets nécessaires à la vie au moyen du travail *socialement le plus réduit*, devient un instrument redoutable de démoralisation quand elle ne fait qu'étendre à la classe pauvre l'inaction stérile de la classe riche et généraliser ainsi l'infériorité morale d'une époque. Il en fut

liste même s'il admet que le travail doit être une mesure de répartition, il y a donc encore un autre principe juridique méconnu parfois mais implicite, qui est précisément le droit à l'existence. — *Ch. Andler*, introd. p. XXXI du *Droit au produit intégral du travail* de A. Menger, Paris, 1900. *Cf*. O. Effertz. *Arbeit und Boden*, Berlin, 1891, t. III. — Nous croyons que l'erreur dans les théories proposées au sujet du droit à l'existence vient de ce qu'on le rattache au principe plus général d'après lequel « chaque besoin a le droit d'être satisfait dans la mesure des ressources existantes », cela est vrai pour nos besoins physiques de la satisfaction desquels dépend notre vie mais non pour tous les besoins dont l'utilité n'est pas immédiate.

ainsi en Grèce et à Rome, où le droit à l'existence se combinant avec l'esclavage, délivra sans doute le citoyen de tout souci matériel, mais d'une façon essentiellement incertaine, artificielle et autoritaire, l'Etat devenant l'intermédiaire entre le citoyen pauvre, consommateur et l'esclave producteur. La tâche de l'Etat, ainsi transformé en institution socialiste réglant la production d'après la consommation, n'était point aisée à remplir et le gouvernement devait réaliser de véritables prodiges pour arriver à nourrir et à entretenir tous les citoyens qui n'avaient pas de moyens personnels d'existence.

Au début sans doute, l'entreprise pouvait paraître avantageuse, tout relevant de l'Etat et l'individu semblant être fait pour lui, mais, dans la suite, les besoins se développant toujours, la proportion s'était renversée : l'Etat n'était plus que le pourvoyeur des citoyens, chargé de rechercher, par tous les moyens possibles, la satisfaction de leurs besoins.

A Athènes, chaque citoyen était représenté par trois esclaves travaillant aux mines d'argent et depuis Périclès qui donna la vie aux pauvres, le théorique(1) s'était étendu à tous les électeurs. Xénophon dans son traité des moyens d'accroître la fortune

1. *Cf.* Démosthène. Philipp. 4. §§ 35 à 45, t. IV. Orat. attici. Bekkeri Berolini. 1824. — §§ 31 sqq. p. 81, Ed. Benenatus, Paris, 1570.

publique, proposait d'activer le rendement des mines, de créer de nouvelles hôtelleries pour les pilotes, d'autres pour les étrangers, des magasins pour les marchands au Pirée et dans la ville, ce qui serait, dit-il, à la fois un embellissement public et une source féconde de revenus : il demandait encore d'entretenir des vaisseaux marchands et de les affermer sans cautionnement comme les autres services public. Si ce projet réussissait, disait-il, il en résulterait de beaux revenus (1). Mais il va de soi qu'une pareille organisation socialiste demandait pour être menée à bien, une fixité relativement très grande du chiffre des dépenses, c'est-à-dire des citoyens (2) et Athènes n'eut jamais guère plus de quinze à vingt mille citoyens ; le territoire de Sparte fut divisé en neuf mille parts données à titre définitif.

Rome fut fondée par une poignée d'aventuriers méprisant le travail, aussi l'esclavage s'y développa-t-il de bonne heure lorsqu'il ne parut plus suffisant de recruter des citoyens en les arrachant aux villes

1. XENOPHONTIS. *Pori, sive de vectigalibus*, f° 728, Ed. gr. lat, Bâle, MDLXXII.

2. « Il fut décidé sur la proposition de Periclès que nul ne serait citoyen que s'il était athénien de père et de mère athéniens eux-mêmes tant la population de la cité s'était accrue. B. S. HILAIRE. *Rev. Bleue*, t. XLVII, n° 13, p. 395.

Cf. Œuvres de Tacite. ED. PANCKOUCKE. T. VI, p. 97 note XIX : Limiter le nombre des enfants...

voisines. La question ouvrière n'y fut donc pas plus agitée qu'en Grèce et les discusions ne portèrent jamais que sur l'intérêt du capital (1) et la propriété foncière. Enfin, après l'échec des Caïus S. Gracchus (2), le Sénat romain s'étant engagé, comme l'avait fait Périclès, à assurer par compensation, la vie des citoyens pauvres (3), le principe du panem, auquel devait s'ajouter celui des circences, s'implanta à Rome comme en Grèce et ce furent bientôt 400.000 citoyens qui tombèrent complètement à la charge de l'Etat, sans lui rendre aucun service. Rome se vit forcée d'exploiter tous les pays pour assurer son ravitaillement, elle fut « comme une énorme pieuvre jetée sur le monde entier » et elle disparut par l'abus même de son exploitation (4) après avoir

---

1. FLORUS. L. I. XXIII, p. 62 coll. Panckoucke-apologue de de Menenius Agrippa.

2. PLUTARQUE. *Vie des hommes illustres*, t. IV, trad. Pierron. FLORUS. L. III, ch. XIV pp. 155, 156, 161 et note p. 33 (seditiones). Ed. Elzévir 1655. VALÈRE MAXIME. — L. VI, ch. V.— L. IV, ch. VII L.VIII, ch. X. Ed. S. Gryphium 1550, pp. 326, 219, 432.

3. *Cf.* En 58 AV. J. C. *Loi frumentaire de Clodius. Cf.* également SUETONE. *J. César* XXVIII, XLI, XLII, pp. 54, 60. Trad. Laharpe 1770. DION CASSIUS LL : XLIII, XLVIII, LV. ff⁰ˢ 254 B, 431 B, 635 A, B. Ed. gr. lat. H. Stephanus 1592.

4. BEAUREGARD. *C. cit.* 8ᵉ lec. : organisation par Dioclétien, Constantin et ses successeurs : 1° des manufactures de l'Etat ; 2° des métiers indispensables à la subsistance du peuple ; 3° des autres métiers. A consulter également : E. MARTIN ST-LÉON. *Histoire des corporations des métiers.* L. I, ch. I, 1897.

accompli des prodiges d'organisation pour dépouiller les peuples qui un à un lui échappaient. Dans les temps modernes, on peut encore observer en Italie que les mœurs anciennes n'ont point complètement disparu et se retrouvent fortement enracinées dans le peuple. L'Etat sans doute ne fait plus de distributions mais la foule stationnant de longues heures sur les places publiques paraît toujours les attendre et, si de grandes familles comme celle des Médicis, purent faire autrefois de folles dépenses artistiques, ce fut toujours en expliquant qu'elles les faisaient pour le peuple. C'est ainsi que le pauvre perçoit plutôt un droit sur le passant qu'il n'en reçoit une aumône et si le travail manuel s'impose forcément à lui pour vivre, il le cesse dès que le salaire reçu lui permet de ne rien faire pendant quelques jours. L'espagnol qui vécut autrefois, sans rien produire, des seules richesses du nouveau monde, présente souvent le même caractère et l'homme du nord, qui ne tient pas compte de ces précédents historiques, n'arrive pas, le plus souvent, à comprendre l'étrange alliance de mendicité et d'orgueil de ces nombreux rois dépossédés.

Dans toute l'antiquité, la question du travail manuel fut donc résolue par l'esclavage, plus ou moins rigoureux suivant les nécessités de la production ; relativement doux chez les Hébreux (1) où les be-

1. *Cf.* Ledrain. *Histoire d'Israël*, t. I, ch. VII. *La Thora.*

soins étaient limités; très rigoureux à Rome où les exigences du peuple étaient infinies (1), mais changeant de nature lorsque, ne suffisant plus, il fut remplacé en fait par l'esclavage extrêmement dur de la terre entière à Rome, à ses citoyens, à ses esclaves affranchis par leurs maîtres pour pouvoir participer aux distributions publiques, à tous ses esclaves enfin, tous devenus, plus ou moins, de petits patrons chefs d'entreprise.

L'esclave n'étant en fait, comme nous l'avons montré, qu'une simple force naturelle soumise par l'homme libre, n'était pour lui qu'une chose et non point une personne jouant un rôle dans la société; toutefois le maître, nous dit Justinien, pouvait établir entre ses esclaves par les emplois qu'il leur confiait, des différences de fait qu'il faisait naître et détruisait à son gré (2).

Interdict. du travail au Schabbath et aux fêtes, p. 151. Egalité des Hébreux tous fils aînés d'Elohim p. 155; créanciers, indigènes, salaires, p. 166; l'esclave, 173; l'étranger, 174. Paris, Lemerre 1879.

1. La barbarie fut poussée si loin qu'elle produisit la guerre servile que Florus compare aux guerres puniques et qui, par sa violence, ébranla l'empire romain jusque dans ses fondements; nous pouvons, nous, la comparer à la fameuse révolte des serfs de 1108 qui aboutit finalement à leur affranchissement poursuivi en 1135 par Louis le Gros, en 1223 par Louis VIII et en 1315 par Louis X (nous considérons que notre royaume est dit et nommé le royaume des Francs et voulant que la chose en vérité soit accordante ou non....) et au xive siècle dans la plus grande partie de l'Europe.

2. Institutionum Justiniani L. I. T. III. —Etym : Servi vient

Il fallait bien, en effet, qu'il en fût ainsi car en réalité le travail industriel et commercial tout entier y compris sa direction, était abandonné aux seuls esclaves (1). Sans doute, nous voyons Socrate louer Ischomachus (2) de l'intérêt qu'il portait à la gestion de ses biens, mais il est facile de constater que ce parfait modèle de l'homme de bien et du bon père de famille recherchait avant tout de bons contre-maîtres, que l'intérêt que Xénophon prête à Socrate pour l'agriculture était purement philosophique et qu'en définitive l'institution de l'esclavage a pour but de dégager définitivement l'homme de toute contrainte, quelle qu'elle soit.

Il faut donc en conclure que l'esclavage parût être de tout temps, pour l'homme, le seul moyen possible de réaliser ce qu'il pensait être sa destinée, et de fait, si nous nous dégageons de toute idée humanitaire, il faut bien constater que c'est uniquement

de servatus, conservé, prisonnier épargné à la guerre. Persona (sonare per) du masque de l'acteur à Rome, s'oppose à res, objet du droit, comprenant même les êtres abstraits et juridiques.

1. La société économique s'organisant entièrement en dehors des individus libres, il en résultait des différences considérables dans la situation occupée par l'esclave. C'est ainsi que l'esclave Ioseph qui administrait toute la maison de son maître Pe-dou-phra, se voit ensuite jeter en prison jusqu'au jour où le Per-aa l'établit le premier du royaume après lui (Genèse, ch. XXXIX sqq.).

2. XÉNOPHON. *La ménagerie*, trad. Est. de la Boëtie, Paris, 1571.

à l'esclavage que nous devons la naissance des sociétés et leur plein développement. Aussi l'esclavage se retrouve-t-il à la base de toutes les sociétés, protégé par le gouvernement dont il est la raison d'être tout aussi bien que par l'église lorsque celle-ci représente plutôt une doctrine d'Etat qu'une morale individuelle.

Mais il ne faut pas oublier que le seul but de l'homme est de se faire remplacer dans sa tâche par les forces naturelles qui l'entourent et si l'esclavage existe, cela vient uniquement de ce que la seule force capable de remplacer celle de l'homme est, sans contredit, celle d'un autre homme « Si chaque instrument pouvait, nous dit Aristote, sur un ordre donné, ou même pressenti, exécuter la tâche qui lui est propre, comme on le dit des statues de Dédale ou des trépieds de Vulcain, qui se rendaient seuls, dit le poète, aux assemblées des dieux, si les navettes tissaient d'elles-mêmes la toile, si l'archet tirait spontanément des sons de la cithare, alors les architectes n'auraient pas besoin d'ouvriers ni les maîtres d'esclaves » (1).

Or, nous savons que cela est impossible. Il ne faut pas croire, en effet, comme certains le font aujourd'hui, que si le stagirite voyait notre monde industriel moderne, il tiendrait son rêve pour réalisé.

1. ARISTOTE. *La politique*. L. II, ch. II, § 5. *Cf.* MICHEL CHEVALIER. *Lettres sur l'org. du travail*, 1848, p. 26.

Il nous demanderait seulement sans doute où sont les esclaves qui dirigent nos machines et souhaiterait aux savants de réaliser leur idéal qui serait de construire un homme machine pour les remplacer. Or est-il besoin de dire que, si cette impossibilité devenait jamais possible, l'homme ainsi construit serait, en fin de compte, un homme comme les autres et toujours, par conséquent, un esclave selon l'opinion d'Aristote. Car l'histoire nous montre clairement que ce n'est point dans la productivité croissante d'un travail fait par nous, mais bien dans l'ordre de notre libération, toujours plus grande, due au travail des autres, que les anciens estiment que se trouve le bonheur. C'est ainsi, de nos jours, que l'homme qui ne travaille pas ne voit encore, dans un accroissement de la productivité, qu'une augmentation de ses revenus, c'est-à-dire de son loisir et l'humanité semble avoir, de tout temps, approuvé les dieux qui refusèrent à Vulcain les honneurs divins et exclurent le merveilleux inventeur de leurs réunions sacrées.

Dans le procès de la civilisation, il se produit donc un fait analogue à celui que Ricardo nous enseignait dans sa célèbre théorie de la rente, mais plus exactement peut-être dans l'application (1).

1. Le rapprochement que nous faisons ici est purement descriptif. Toutefois pour la théorie de la rente. V. RICARDO Ed. Beauregard, p. 85. Bibl. Guillaumin.

Nous voyons, en effet, que l'homme le plus fort se soumet, avant les autres, les forces naturelles qui l'entourent, dans l'ordre de leur valeur ; ses véritables terres n° 1 sont les esclaves qu'il se donne et sa rente s'établit ensuite par comparaison avec les exigences minima des terres les moins fertiles, représentées en l'espèce par les hommes qui n'ont pour vivre que les seules forces naturelles de leur propre corps. Or, il est facile de comprendre que tout progrès accompli dans l'emploi des forces n° 2 ou n° 3 profitera à celui qui détient les forces n° 1, c'est-à-dire celles de l'homme et qu'une découverte accomplie, par exemple, dans l'ordre mécanique, ne pourra qu'augmenter le rendement de ses esclaves qui utilisent en sous-ordre les mêmes forces.

Ainsi donc, l'accroissement de la rente aura lieu, comme dans la théorie de Ricardo, au profit du détenteur des meilleures forces, mais il nous faut remarquer que la théorie de Ricardo, étant une théorie scientifique, c'est-à-dire fermée, dans laquelle la somme des composés doit reproduire celle des composants, la rente ne peut s'accroître que par la difficulté progressive rencontrée par les hommes dans leur travail, tandis que pour le philosophe le progrès s'accomplit en sens inverse par l'accroissement qualitatif des forces les moins fertiles.

Or, il va de soi que le progrès des forces inférieures profitant toujours au propriétaire des forces les plus élevées, l'augmentation de la rente serait indéfinie pour le maître qui vit sans travailler, puisque nous savons que, de tout temps, et particulièrement au siècle dernier, ce progrès s'est accru dans de singulières proportions. Mais nous savons aussi que ce que nous appelons ici la rente, en mémoire de Ricardo, n'est point en réalité une rente en argent mais une rente morale que les anciens appelaient déjà le loisir. Et comme nous ne saurions concevoir une augmentation infinie de ce loisir analogue à celle de nos revenus, la philosophie doit ici nous fournir une limite que la science ne saurait nous donner.

Or, si l'étude de la société antique ne peut rien nous apprendre d'utile pour notre temps sur l'organisation du travail, puisque cette organisation se développe entièrement en dehors d'elle et qu'en fait de progrès mécaniques nous n'avons point, du reste, à prendre de leçons des anciens, par contre, cette étude est essentielle au philosophe, car elle nous montre comme atteint le but même que nous paraissons encore poursuivre de nos jours, c'est-à-dire la libération définitive de tout travail forcé.

On peut dire en effet que l'antiquité, artificiellement délivrée de tout souci matériel, s'est exclusivement consacrée à l'étude du loisir et que reprendre cette étude serait retracer l'histoire même de l'esprit humain à l'époque de son plus haut développement, contentons-nous pour l'instant, d'en rappeler brièvement les principales démarches, mais en nous souvenant toujours que quelles que soient les solutions données ou les appréciations émises par les philosophes sur le bien ou sur le mal, sur la douleur ou le bonheur, le travail servile n'est plus en question et, qu'en définitive. il ne s'agit jamais que d'un bonheur ou d'un malheur moral trouvé dans les conditions matérielles les plus parfaites par un homme supérieur. Il faut remarquer enfin que de cette double condition des hommes, suivant qu'ils sont ou non libérés des charges matérielles, naissent toujours deux sortes de croyances et de religions, l'une primitive, populaire et fragmentaire émanée de la classe opprimée et dominée par la croyance aux dieux particuliers et à l'immortalité de l'âme, l'autre plus philosophique, dégagée par la classe libre et aboutissant plus généralement au monothéisme, au panthéisme ou à l'anéantissement.

La première est imaginée par ceux qui, désespérant de voir jamais se réaliser sur terre l'idéal de repos qu'ils ont en eux, le reportent dans le ciel, la seconde par ceux qui réalisant sur terre cet idéal et ne le trouvant pas satisfaisant, concluent à l'infériorité radicale ou relative de l'esprit humain.

Et il n'est point indifférent de remarquer que si, dans le peuple, le labeur écrasant du présent se trouve toujours compensé par un idéal absolu dans l'avenir, cet idéal personnel se trouve très amoindri dans la classe élevée. Cela tendrait peut-être à prouver que si véritablement l'idéal populaire se réalise en grande partie sur terre, dans la situation de la classe élevée il ne s'y réalise point intégralement, comme si le progrès le mieux réalisé dans sa forme actuelle demandait toujours un certain stimulant pour se poursuivre.

Mais il faut prendre garde, en lisant les auteurs anciens, aux amplifications qu'une intelligence raffinée ne manque point d'apporter aux maux les plus relatifs. Il apparaît en effet, presque toujours dans leurs écrits, que le mal surpasse de beaucoup le bien sur terre (1) et que le bonheur parfait semble appartenir exclusivement aux dieux. Depuis le jour où Pandora comme le raconte Hésiode : « Maux infinis espandit aux humains — Et leur brassa malheurs et travaux maints. » il paraissait, à en croire les poètes, que tout bonheur se fût à

1. Voir toutes les opinions sur ce sujet longuement énumérées aux notes de l'article *Xenophanes* et de l'art. *Tullie* dans BAYLE. *Dict. historique et critique*, Ed. de Rotterdam, t. III. 1715, p. 762. O, P, Q, p. 763. R, p. 882. B, p. 883. C; p. 885. D, sqq. *Cf.* BAYLE. *OEuvres diverses*. Ed. La Haye, 1737, t. III. Réponses aux quest. d'un provincial. Chapitres LXXIV à XCII, pp. 650 à 683.

jamais envolé de cette terre et réfugié dans cet Olympe où, suivant Homère, « Les Dieux vivans sans travail à leur aise — Les Dieux seuls ont ioyë perpétuelle — Les Dieux pour eux ont retenu liesse, Et résigné aux hommes la tristesse (1) ». On conçoit en effet que si la brusque délivrance pour les anciens de tout souci matériel retomba lourdement sur les esclaves, elle ne fut point non plus sans apporter quelque trouble dans l'esprit des puissants citoyens de la cité antique.

Tout homme lutte plus ou moins contre un certain atavisme d'animalité, de vie sauvage et l'oisiveté matérielle lui est souvent une charge plus lourde que le travail. Prisonnier inactif de sa propre organisation sociale, ne trouvant aucun attrait au travail manuel qui, du reste, n'en avait pas de son temps, le grec ou le romain ne pouvait satisfaire à son activité naturelle que par un travail intellectuel intense dans le domaine de la vie publique ; or, nous savons que ce genre de travail porte le plus souvent ceux qui s'y livrent au pessimisme et au découragement le plus profond car les meilleures institutions ne sont bonnes que si les hommes sont dignes de les recevoir et le politicien, impuissant à réformer législativement la nature humaine, voit peu à peu son activité dégénérer en luttes oratoires, vaines et

---

1. PLUTARQUE. *OEuvres morales*. E. *cit.* FF. 245. C, 13, B.

stériles. Cependant, la conception primitive que nous indiquions au commencement de ce chapitre, et qui porte le peuple à juger du bonheur par l'étendue de la puissance, ne tarda pas à se modifier sous l'influence des penseurs.

L'homme de condition malheureuse se plaît à contempler les rois, les empereurs ou les guerriers comme il aime à se représenter matériellement ses dieux (1) et certes nous devons lui envier cette joie, car, lui, au moins, peut matérialiser son idéal et par là, savoir exactement ce que lui-même, pense-t-il, sera plus tard. Mais « cette grandeur que nous « admirons de loin comme quelque chose au-dessus « de l'homme, touche moins quand on y est né, ou « se confond-elle-mesme dans son abondance ; et « il se forme au contraire, parmi les grandeurs, « une nouvelle sensibilité pour les déplaisirs, dont « le coup est d'autant plus rude, qu'on est moins « préparé à le soutenir » (2).

Les philosophes ne tardèrent pas à comprendre que la puissance de l'homme exagérée hors de son domaine naturel n'est plus qu'un fardeau insupportable nous exposant à la réaction du monde exté-

---

1. *Cf.* Bayle. *OEuvres div.* Ed. *cit.* Contin. des pensées diverses § LXXI. La politique et la religion... Polybe et Ciceron cités.

2. J. B. Bossuet. *Or. fun. Marie Th. d'Autriche*, pp. 78, 79 éd. de Holl.

rieur plus encore que ne le saurait faire le simple travail manuel et ils en vinrent à chercher quelles devaient être les limites de notre action, nécessaires mais suffisantes pour assurer notre bonheur.

La civilisation se traduisant toujours par une augmentation de la sécurité et une diminution des frais qu'elle nécessite, la cité antique formée de citoyens égaux et puissants ressembla, en quelque sorte, à une assemblée de rois qui auraient mis leurs moyens d'action en commun sous l'autorité d'un Etat, gérant pour eux leurs biens, et il parut bientôt aux esprits les mieux avisés que les fonctions publiques étaient un fardeau onéreux et parfois dangereux dont il n'était jamais avantageux de se charger (1).

Restait donc pour le citoyen à découvrir la meilleure façon d'occuper son activité dans le seul but d'accroître la beauté de son âme et celle de son corps.

Or, nous savons que si le travail et le loisir sont tous deux nécessaires, le loisir est, sans contredit,

---

1. Cela n'empêcha pas cependant certains grands esprits de s'en charger. Voir dans ses lettres. L. III. Lettre V (à Macer) ce que Pline dit de son oncle, t. I, p. 179 de l'éd. Panckoucke. Le stoïcien Sénèque ne négligea pas lui non plus les honneurs et Marc-Aurèle fut empereur, car l'esprit romain très pratique ne pouvait guère se passer d'une certaine activité matérielle que l'esprit grec, de tradition plus oriental, négligeait plus volontiers. De plus le fonctionnaire en Grèce était devenu un véritable otage. Il en fut autrement dans l'empire romain en dehors de la métropole.

préférable au travail. « Il semble, dit Aristote qu'il y a dans le loisir même une sorte de plaisir, de bonheur et de charme ajouté à la vie mais qui se rencontre seulement dans les hommes exempts de tout travail et non dans ceux qui sont occupés. Car être occupé de quelque chose, c'est travailler pour un but qu'on n'a pas encore atteint : et, dans l'opinion de tous les hommes, le bonheur est le but où l'on se repose sans douleur, dans le sein même du plaisir (1) ».

Mais comment employer ses loisirs ? Ce ne peut-être par de simples amusements car il s'ensuivrait, nous dit le stagirite, que l'amusement serait pour nous la fin de la vie. Il faut donc étudier pour accroître notre vertu, mais il vaut mieux, dès lors, que ces études aient pour but l'individu lui-même, qui jouit du loisir, que des « choses nécessaires » car le travail appliqué aux choses nécessaires a plus particulièrement rapport aux autres qu'à nous-mêmes. Aristote, on le voit, ne se prononce pas nettement et il semble avoir laissé en doute, comme le faisait remarquer l'auteur des Discours politiques, « s'il a voulu faire sa cité philosophique et contemplative, ou plutôt active et séparée des actions morales (2) ».

1. *Politique.* L. V, chap. II, § 5.
2. D. DE PRIEZAC. *Discours politiques* : de la vie active et contemplative, p. 94. Paris Rocolet MDCLII.

Cela vient sans doute de ce que le philosophe de l'éthique qui enseignait que la félicité parfaite n'était autre que la contemplation et que cette contemplation était l'acte même de Dieu, ne pouvait être complètement d'accord avec l'auteur de la Politique, forcé de tenir un compte plus exact des réalités pratiques.

Cependant la vie contemplative ne devait pas tarder à pousser la philosophie vers une doctrine morale plus absolue que celle d'Aristote. Déjà, dans le *premier Alcibiade*, Platon avait fait dire à Socrate : « Tout homme qui a soin de son corps a soin de ce qui est à lui et non pas de lui…. Tout homme qui aime les richesses ne s'aime ni lui, ni ce qui est à lui mais il aime une chose encore plus éloignée, et qui ne regarde que ce qui est à lui ». Puisqu'il paraît, au contraire de l'opinion commune, que notre soi-disant puissance extérieure ne nous appartient même pas et qu'elle ne saurait en quoi que ce soit nous être profitable, que nous importent les conventions sociales, les lois, la gloire et la fortune ? et c'est ainsi que nous voyons la secte des cyniques, fondée par un disciple de Socrate, en arriver à cette chose prodigieuse pour l'époque : combattre le patriotisme étroit de la cité, les préjugés répandus contre le travail des esclaves et, se mettant ainsi hors des lois, devenir l'objet du mépris général.

Mais le plus haut titre de gloire de la secte d'Antisthène fut d'enfanter l'école stoïcienne en la personne de Zénon de Citium. Il ne s'agit plus dès lors, comme avec les cyniques, de réduire l'esprit et le corps au strict nécessaire, non plus que de leur accorder tout ce qu'ils peuvent demander comme le voulait Epicure ; non : Selon l'immortelle doctrine de l'Académie, fille elle-même de ce pythagorisme qui résumait toutes les civilisations de l'Orient, ce qu'il fallait avant tout, c'était séparer définitivement l'âme du corps et ce qui nous appartient de ce qui n'est point à nous ; mais la philosophie du Portique en poussant à ses dernières limites ce prodigieux effort mystique de la pensée antique, va du même coup l'exténuer.

Parmi les choses, il faut savoir établir des distinctions, nous dira plus tard Epictète, les unes sont en notre pouvoir, les autres non ; dépendent de nous : la volonté et toutes les actions volontaires ; n'en dépendent pas : le corps, les parties du corps, les biens, les parents, les frères, les enfants, la patrie, en un mot tout ce qui appartient à un monde qui nous est fermé (1).

Dès lors, il ne s'agit plus, comme le faisaient les cyniques, de se glorifier des faiblesses humaines par mépris pour le luxe et pour la richesse, les deux choses nous sont également étrangères.

1. *Epicteti dissertationes* I, cap. XXII. Ed. Gr. Lat. Didot 1840, (Theophrasti... etc...) p. 65.

« Zénon, disait l'auteur du traité de la souveraineté, le philosophe Zénon méprisa de telle sorte les artisans, que même il ne voulait pas qu'on érigeât des temples aux Dieux, disant qu'ils seraient toujours profanés à cause des artisans qui les auraient bâtis (1) », peut-être, mais il s'en faut que ce mépris du travail manuel ressemble à celui du citoyen antique ou de l'aristocratique conseiller Le Bret et la doctrine stoïcienne, bien plus morale que métaphysique, sut renverser victorieusement toute barrière entre les classes. Impassible et imperturbable, l'homme, toujours le même, quelle que soit son apparente condition, ne doit plus voir dans le mouvement qui l'entoure qu'une matière indifférente sous la loi de la raison. La raison édifie la science avec les matériaux de l'expérience, mais dans son travail, elle se dirige par des règles antérieures à l'expérience et que l'intelligence a recueillies avant d'être unie à ce corps terrestre lorsque, pur éther et feu sans mélange, elle vivait de la vie des astres et du ciel.

Ainsi donc, le principe et le but de notre travail sont en nous et ce n'est plus dans le monde extérieur qu'il faut en chercher le développement. Le stoïcisme aboutit à l'idée de pauvreté, de renoncement, d'égalité parmi les hommes et rien ne vaut plus sur

1. Le Bret. *Œuvres*, Paris, 1689. — 38ᵉ action : Si l'exercice de l'art de verrerie déroge à la noblesse.

terre que la méditation et le retour sur soi-même ; enfin, s'accommodant plus tard au génie romain, il devient plus pitoyable, plus humain, et tout en s'adaptant exactement à la fierté morale des vertus antiques, il sait, avec les Epictète et les Marc Aurèle, tenir un compte plus exact des idées nouvelles de fraternité humaine et des exigences pratiques de la vie.

Toutefois, comme le faisait remarquer M⁰ de Staël, il ne suffit pas de dire que la douleur n'est point un mal, mais il faut encore être convaincu qu'elle est un bien pour s'y résigner. C'est ce que la doctrine chrétienne, beaucoup plus humaine et plus pratique, ne tarda pas à enseigner en donnant définitivement un corps aux croyances populaires qui reportaient la félicité parfaite dans une vie future et en remplaçant une fois pour toutes l'idée fataliste de travail désespéré, par celle autrement féconde d'expiation transitoire et de rédemption.

Sans doute, dans l'enseignement primitif du Christ, la question du travail terrestre n'est même pas posée. L'Adam *terrenus*, dont parlait St-Paul, s'efface devant l'Adam *coelestis*, Jésus ne vient sur la terre que pour y annoncer le royaume des cieux et dans ce monde ce n'est point la paix qu'il apporte mais plutôt la division (1).

1. Luc XII, 51.

C'est seulement en vendant tout ce qu'il a que le jeune homme riche pourra devenir parfait (1) et Marie choisit la bonne part en écoutant la parole de Dieu, tandis que Marthe s'embarrasse inutilement des soins de sa maison (2). Il dit encore à ses disciples « Ne soyez point en souci pour votre vie de ce que vous mangerez ou de ce que vous boirez, ni pour votre corps de quoi vous serez vêtus. La vie n'est-elle pas plus que la nourriture et le corps plus que le vêtement ? Regardez les oiseaux de l'air ; car ils ne sèment ni ne moissonnent, ni n'amassent rien dans des greniers.... Apprenez comment les lis des champs croissent ; ils ne travaillent ni ne filent..., Ne soyez donc point en souci pour le lendemain, car le lendemain aura soin de ce qui le regarde A chaque jour suffit sa peine.... Cherchez premièrement le royaume de Dieu et sa justice et toutes ces choses vous seront données par-dessus (3) ». Et certes nous devons comprendre aisément que, dans la doctrine du Christ, la vision distincte de vie éternelle doit effacer singulièrement toute autre préoccupation terrestre, le relatif n'a plus raison d'être en face de l'absolu.

Mais dans la suite, lorsque les disciples du merveilleux aggadiste galiléen eurent compris que le

1. S. Matthieu XIX-21.
2. Luc XI, 39 à 42.
3. Matthieu VI-19 à 34.

jour du jugement n'était pas aussi proche qu'ils le pensaient tout d'abord, lorsque se trouvant en face des réalités terrestres ils durent surtout appliquer leur doctrine aux exigences de la vie des pauvres, c'est-à-dire des premiers chrétiens, l'ancienne doctrine provisoire de l'expiation se fit jour à nouveau, mais éclairée cette fois par la certitude de la rédemption.

Dès lors, le travail manuel, certes, ne se trouve pas rehaussé et la dure parole de Saint Paul aux Thessaloniciens, « si quelqu'un ne veut pas travailler il ne doit pas non plus manger » (1) lui est plutôt dictée par l'abomination de l'oisiveté et le besoin de nous rappeler toujours aux misères de notre condition, mais si le travail manuel demeure, comme tout ce qui est terrestre, chose passagère et de nulle importance, il se trouve cependant sanctifié par l'humilité qu'il nous donne. C'est ainsi que l'esclavage lui-même devenant simplement une nouvelle épreuve, n'est pas plus condamnable en soi que toute autre discipline imposée aux fidèles, et si plus tard, nous voyons des papes et des évêques racheter des esclaves et les affranchir, ce n'est jamais qu'à titre miraculeux, comme Jésus guérissait quelques malades. Au fond, l'Eglise n'a jamais attaqué

1. IIe épitre de St Paul aux Thessaloniciens, ch. III-10, mais le sens de cette citation souvent faite doit être complété par les §§ 6, 7, 8, 9, 11 et 12.

l'institution même de l'esclavage, elle l'a toujours plutôt soutenue (1) comme tout état de fait indifférent pour le salut des âmes.

Enfin, les pères de l'Eglise comprirent bientôt que si la vie contemplative est déjà dangereuse pour les intelligents et pour les riches, elle l'est encore plus pour les petits et pour les humbles : Saint-Jérôme veut que la main gagne de quoi vivre en même temps que l'âme se nourrira de saines pensées et Saint-Ambroise porte à un si haut prix le travail des champs qu'il admet même la propriété.

Mais dans tout cela, il ne faut point oublier que

---

1. St Paul, *Ep. aux Ephésiens*, ch. VI : Serviteurs obéissez avec crainte et tremblement... servez-les avec affection comme servant le Seigneur et non pas seulement des hommes. Sachant que chacun, soit esclave, soit libre, recevra du Seigneur selon le bien qu'il aura fait. — St Cyprien, *Testimon*. L. III, ch. 62. — St Grégoire. *Regul pastoral pars III*, ch. V. — St-Basile. *Moral. regul.* LXXV, c. I. — St-Bernard. Epist. LXXX. — St Augustin. *De civit Dei*, L : XIX, ch. XIV-XV. — St Thomas d'A. *De regimine principum*, L. II, ch. X, t. XVII, Rome, 1570. — Bossuet, 5e *avertiss. aux prot.* art. 50, t. IV, Paris, 1743. — Bailly, *Theologica dogmatica*, pars I, ch. II, art. 1, quest. 3, t. VIII, Dijon, 1789. — Bautain. *Phil. des Lois*, p. 89, 1860.

Citons pour l'affranchissement : L'év. Acacius (ve siècle), St Grég. (vie), St Eloi (viie), l'év. Wilfrid (viie), l'abbé Smaragde (ixe), St Anselme de Cantorbery (xiie), Pie II (1462), Urbain VIII (1639), Benoit XIV (1741), mais ce sont là des protestations isolées et non point une théorie générale contre l'esclavage.

le grand principe qui, dans toute l'économie politique des pères de l'Eglise, résout toutes les questions sociales, est toujours « Point de droits, des devoirs ». Il nous faut travailler pour n point tomber à la charge de nos frères mais peu importe que ce travail soit très productif ou peu, ingrat ou rémunérateur, dès l'instant qu'il suffit à satisfaire nos stricts besoins.

Mais si ce renoncement à toute ambition sociale produisit plus tard ces merveilleux ouvriers du moyen âge qui faisaient de leur travail une offrande expiatoire et ignorée plutôt qu'un objet de lucre, il ne tarda pas à être dans toute la chrétienté, la première raison de la nouvelle oppression des petits par les grands.

Nous savons, en effet, que chez les puissants délivrés de tout souci matériel, la nécessité d'une vie future semble moins immédiate que pour les malheureux et que l'organisation de la société constituée à leur profit, ne leur paraît pas chose négligeable. La noblesse représenta, dans notre histoire, la nouvelle classe privilégiée, mais son autorité sur le peuple s'établit d'autant plus facilement que la même doctrine chrétienne se trouva, par l'intermédiaire de l'Eglise, justifier son pouvoir et contenir les malheureux.

Lorsque l'ère des persécutions s'était terminée, l'idée chrétienne s'était en effet, bientôt modifiée, sous l'influence de l'Eglise reconnue et établie par l'Empire (1) : la doctrine primitive purement individualiste était devenue une doctrine sociale solidement établie sur le dogme (2) et si les classes inférieures ne devaient toujours espérer de bonheur que dans une vie future, elles n'en tombaient pas moins sur terre, sous l'autorité hiérarchique des représentants de Dieu. Or, cette autorité tendait à se confondre désormais avec l'autorité sociale de droit divin.

Dans cette lutte perpétuelle entre les deux classes opposées de la république, un troisième élément intervient cependant, parfois, qui semble concilier, un instant, les doctrines sociales et leur permettre de s'établir dans leur juste milieu, nous voulons parler de la bourgeoisie.

La bourgeoisie sortie du peuple dont elle connaît les aspirations, méprise ses origines et forme une classe stérile de parvenus dans un état où n'existe pas de divisions par classe, mais dans le cas contraire, toujours rejetée par la noblesse et constituant

---

1. *Cf.* St Augustin. *Des mœurs de l'Eglise catholique,* ch. II. Que l'autorité doit précéder la raison...

2. Cette modification devint profonde lorsque l'Eglise latine d'Occident ayant rompu avec l'Eglise grecque (vi[e] s.), puis définitivement avec l'empire byzantin (xie s.), se vit en fait remplacer l'ancien empire romain et continuer ses lois en vertu du principe de jurisprudence allemande : « chacun garde son droit originel ».

cependant, tout aussi bien qu'elle, une élite, elle se trouve, de par sa position moyenne, représenter le progrès véritable de la nation et son juste état social (1).

1. Le mot bourgeoisie tel que nous l'employons ici ne saurait désigner ce qu'on entend aujourd'hui par là. notre bourgeoisie moderne ayant pris la place de l'ancienne noblesse. Nous appelons bourgeois un artisan parvenu grâce à son travail manuel ou intellectuel au plus haut point de développement qu'un homme puisse atteindre. mais se heurtant alors à l'existence d'une classe privilégiée qui le contraint à demeurer dans une position subalterne. Notre bourgeoisie n'est donc pas ce que Victor Hugo appelait la partie contentée du peuple, mais au contraire la partie toujours active du peuple restant en contact direct avec le travail qu'elle continue à pratiquer ou à diriger, mais trop intelligente pour ne pas comprendre qu'elle vaut mieux que la situation qu'on lui fait dans la société et qu'en définitive si elle fait tout le travail de la nation, les oisifs auxquels elle est soumise sont les premiers à en profiter.
Il n'y a guère eu de bourgeoisie véritable que dans l'ancienne France, et l'histoire du tiers état est, à proprement parler, celle de notre pays. Toutefois, la loi Licinia (proposée par le tribun du peuple, C. Licinius Stolon, 376 av. J.-C.), créa à Rome une petite bourgeoisie en arrêtant un instant l'envahissement de la terre romaine par les patriciens et ce fut à cette époque que l'on vit réellement des généraux retourner à leur charrue. En 133, un nouvel essai de réaction bourgeoise se produisit à Rome dirigé par le tribun du peuple, T. Sempr. Gracchus, puis après sa mort par son frère, C. Sempr. Gracchus. L'éducation stoïcienne des Gracques, leur culture intellectuelle grecque s'alliant à l'austérité des mœurs romaines, les portait tout naturellement à entrer en lutte contre l'aristocratie. Mais si leurs réformes bourgeoises échouèrent ce fut principalement parce qu'elles manquèrent de base

Enfin, dans un état où l'élite est héréditaire il va de soi que la véritable élite qui ne l'est point, formée de tous les savants, de tous les philosophes et de tous les artistes, vient encore apporter à la bourgeoisie l'important appoint de son prestige et c'est ainsi que, le plus souvent, dans un état exténué par les divisions sociales, la bourgeoisie se trouve représenter l'Etat véritable comprenant tous les citoyens auxquels il doit la vie.

Empruntant au peuple ses idées chrétiennes de fraternité parmi les hommes et de désintéressement relatif des choses de la terre, mais suffisamment développée intellectuellement par l'immense effort artistique et moral de la Renaissance pour ne pas se laisser éblouir par les principes d'autorité, on put croire un moment que la bourgeoisie française réaliserait enfin, au xvie siècle, l'idéal d'une société parfaite, unissant fraternellement tous les éléments dont elle doit être harmonieusement composée et n'étant plus soumise à des gouvernants,

bourgeoise. La plèbe romaine déjà mûre pour le césarisme, aimait mieux vivre à Rome de la vente de ses suffrages, que d'aller cultiver des terres, et voyant dans les peuples italiotes des vaincus, elle ne se fut point résignée à voir émanciper toute l'Italie. L'idée des Gracques fut donc plutôt un rêve utopique de philosophes que la revendication légitime de travailleurs réclamant le prix de leur effort et la situation sociale à laquelle ils ont droit, elle ressemble plus à celle d'un Th. Morus qu'à celle des théoriciens de la liberté du xvie siècle.

comme le voulait déjà Philippe Pot (1), que pour sa propre utilité. Ce mouvement général des esprits qui, s'il eût abouti, eût sans aucun doute avancé la solution des problèmes sociaux de plusieurs siècles échoua malheureusement dans l'intrigue des guerres de religion (2) et l'arrivée d'un Richelieu fit retom-

1. Voir le discours de P. Pot dans le *Journal des Etats Généraux* de 1484, de Jehan Masselin, publié dans le *Rec. des doc. inédits relat. à l'hist. de France*, de M. Ad. Bernier : Bien que sa harangue lui fut surtout suggérée par les intérêts particuliers de Madame, le sire de la Roche fit entendre par avance aux Etats de 1484 le langage même de la Révolution, tant il est vrai que si les hommes à certaines époques dissimulent la vérité, ce n'est point qu'ils l'ignorent jamais : « Comme l'histoire le raconte et comme je l'ai appris de mes pères, disait P. Pot..., chaque peuple a élu un roi pour son utilité, oui, les princes sont tels, non afin de tirer un profit du peuple et de s'enrichir à ses dépens, mais pour, oubliant leurs intérêts, l'enrichir et le conduire du bien au mieux... ». *Cf.* Montesquieu et Washington. — *Cf.* E. Boutmy, *L'Etat anglais...Annales des sc. polit.*, 1900, pp. 401 et 687.

2. Voir sur les théoriciens de la liberté. Esmein. *Cours ms. d'histoire du droit public français*, 1896-97 (xvie s.), 1897-98 (xviiie s.) (Faculté de dr. de Paris). — Parmi les théoriciens du xvie s. et leurs précurseurs il faut citer dans l'ordre politique : Joannes Saliberiensis. *Policraticus sive de nugis curialium*..... Cologne, 1475. — Marsile de Padoue. *Defensor pacis*, Bâle, 1522. — Claude Seyssel. *La grand monarchie de France et la loy salique*.... Paris, D. Janet, 1540. — E. de la Boetie. *De la servitude volontaire*, 1578 dans les *Mémoires de l'estat de la France sous Charles IX* (publiés par des protestants) A. Meidelbourg. H. Wolf. — Fr. Hotomani. *Franco-Gallia sive*.... Genève, J. Stoeri, 1573, et repliques à Mathaul, 1578 ? *De jure magistratuum*... (anonyme), Lyon, 1577. Se trouve aussi avec les Vindiciœ et d'autres écrits à la suite de l'Ed. du prince de

ber la France aux conceptions artificielles et provisoires de l'absolutisme politique. Les théories de liberté, soutenues par la bourgeoisie, conservées par le Parlement, firent long feu et n'éclatèrent définitivement qu'en 1789.

Mais qu'on ne s'y trompe pas, dans leur longue attente les théories du xvie siècle se sont transfor-

---

Machiavel : de Vogel, Lugduni batav. 1648. — BRUTUS (H. LANGUET). *Vindiciæ contra tyrannos* Edimb. (Basilœ), 1579, trad. Fr. Estienne, 1581. — Ce livre d'un protestant comme les précédents fut attribué par les Anglais au jésuite R. Persons (Bayle : dissert c. le livre d'E. Junius Brutus). Cela s'explique les jésuites essayant aussi de constituer alors la souveraineté nationale (v. l'hist. all. Ranke), mais au profit de la seule papauté. — De même les catholiques de la Ligue ayant intérêt à faire déposer le roi soutiennent les mêmes théories : V. J. BOUCHER. *De justa Henrici III abdicat....* Parisiis Nic Nivellium 1589. — *De justa reipublicæ christianæ in reges impios....* (anonyme), Parisiis G. Bichon, 1590 (Par Guill Reginaldus alias Rosseus et non Guill. Rose, ou par un inconnu bourguignon, d'après M. CH. LABITTE : *De la démocratie chez les prédicat.* 1841). — MARIANA. *De rege et regis institut....* Toleti, P. Rodericum, 1599 : Citons dans l'ordre économique, postérieurs en date mais appartenant au même courant d'idées : MONTCHRÉSTIEN, *Traité d'économie politique,* Rouen, 1615. GROTIUS. *Mare liberum,* 1608 : Citons enfin dans l'ordre social l'utopie platonicienne de la Renaissance (voy. l'atlandide signalée dans le Critias et le Timée de Platon). T. MORUS. *Libellus.... de optimo reipublicæ statu, deque nova insula Utopia.......* 1516 (qui sera suivie un siècle plus tard par *La Nouvelle Atlantide* de François Bacon (1621 ?) *La cité du soleil* de Campanella (1640), l'*Oceana* d'Harrington (1656). *La Salente du Telemaque, les entretiens de Phocion* de l'abbé Mably et l'*Arcadie* de Bernardin de Saint-Pierre).

mées: la Révolution française marque un changement radical dans le développement habituel des conceptions sociales et c'est cette interversion, très importante, qu'il nous faut noter en terminant ce rapide exposé.

D'une façon générale, on peut dire que les hommes primitivement aux prises avec les forces naturelles, cherchent tout d'abord à se les rendre favorables. L'homme fort fait travailler ceux qui sont plus faibles que lui, enfants ou prisonniers, pour la satisfaction de ses besoins matériels et, par contre, il leur assure la protection dont ils ont besoin. C'est de là que naît la société, car notre corps étant en perpétuelle relation avec le monde extérieur, lui appartenant, diraient les mystiques, *toute organisation de nos besoins physiques devient tout aussitôt sociale et scientifique.*

Mais avec le progrès, tous les avantages de l'association ne tardent pas à revenir à l'homme fort, la sécurité augmente, la tâche de protection diminue et, en fait, retombe bientôt sur la classe faible. Par contre, la productivité du travail augmente, mais la tâche reste la même et sur les bénéfices généraux de l'association, l'homme fort, devenu habile, sait trouver pour lui toute une vie de loisir en maintenant, pour l'esclave, une vie intégrale de travail. Dès lors, délivré des soucis matériels, il se met à penser et de nombreux soucis, d'ordre intellectuel cette fois, ne tardent pas à l'accabler. Mais comme la pensée demeure essentiellement un acte individuel, ce n'est plus que par un effort intérieur de sa propre volonté qu'il peut suffire à ses besoins et de même que les exigences de son corps le liaient au monde, celles de sa pensée l'en isolent et, petit à petit, l'en détachent.

Et comme la culture de notre pensée semble représenter le but le plus élevé et même le seul but de la vie humaine, toute préoccupation physique devient inutile, toute autorité sur le monde, illusoire, les hommes ne sont plus que des frères égaux, fils d'un commun idéal et c'est ainsi que, par réaction, se produisent bientôt des théories antisociales essentiellement individuelles et conduisant, suivant leur degré d'intensité contemplative, au monothéisme, au panthéisme ou au néant.

C'est ainsi que les plus anciennes sociétés brahamiques voient s'élever contre leur despotisme et leur pessimisme absolu, l'idéal de charité passive et de complète indifférence du nirvahny qui s'efforce d'échapper à la transmigration des âmes par la possession de la science illimitée qui doit le conduire à l'anéantissement définitif et que la société antique voit se dresser contre son égoïsme pratique et matériel l'idéal panthéistique du stoïcien, puis l'espérance monothéiste du chrétien.

Il est bon de remarquer, toutefois, qu'avec le

temps ces deux conceptions opposées tendent toujours plus à se rapprocher et que si l'idéal moral s'adoucit peu à peu, perd de sa rigueur et devient plus humain, l'industrie matérielle des sociétés, en devenant plus savante et par là même plus digne de notre esprit, semble, en quelque sorte, intéresser à son developpement et ramener sur terre l'attention des penseurs.

Or, cela est tellement vrai que, dans les temps modernes, l'ordre de développement des théories humaines s'est trouvé pour la première fois brusquement interverti par la subite et formidable éclosion de la science contemporaine et cette interversion n'est pas sans apporter un certain trouble dans les idées de notre temps.

Nous avons vu, en effet, que la tentative de conciliation du xvie siècle ayant échoué, l'absolutisme royal n'avait pas tardé à opposer de nouveau la classe oisive à celle du travail. Une fois encore, la réaction anti-sociale allait-elle donc se produire et les philosophes moralistes, en rompant de nouveau le lien social, allaient-ils égaliser toutes les conditions humaines dans la contemplation d'un idéal supérieur ?

La réaction eut lieu, elle fut dirigée par des philosophes, elle conclut à l'égalité des conditions humaines et, en quelque sorte, à l'individualisme. Mais, chose curieuse, elle ne détruisit pas le lien social et, en réalité, se montra même fort indifférente à l'endroit de nos destinées ultra-terrestres.

Car une conception nouvelle renversait, pour la première fois, la tradition immémoriale de nos idées : celle de la science et la réaction contre l'ordre matériel des sociétés, se basant sur de pures considérations matérielles, aboutissait, non plus au renoncement, mais à la lutte. L'exaltation du travail manuel remplaçait le culte exclusif de la pure contemplation et ce nouveau point de vue, résultant des progrès de la science, n'a fait que toujours mieux s'affirmer au cours du siècle qui vient de finir.

Encore théorique et le plus souvent littéraire à la fin du XVIIIe siècle, cette nouvelle conception du monde emprunte de nos jours, à la science, toute sa rigueur pratique et le travailleur social, jadis relégué au dernier échelon de la société, semble brusquement appelé à en occuper le plus élevé.

Il ne s'agit plus, comme avec les stoïciens, de nier la douleur et de nous détacher de ce monde qui nous est étranger, pareille division est illusoire et sans fondement dans la réalité.

Notre individualité n'est qu'une réunion momentanée d'éléments matériels du monde matériel ; vouloir nous évader de ce monde serait vouloir nous évader de nous-mêmes, cessons donc de souffrir inutilement dans l'espérance illusoire d'un monde meilleur et de réclamer une autre vie alors que nous ne savons même pas utiliser celle que nous avons. Comprenons donc, une fois pour toutes, que nous n'avons rien à attendre que ce que nous pouvons trouver sur terre et nous cesserons de travailler pour des oisifs. Qu'ils fassent comme les autres, qu'ils travaillent et comme la science nous démontre qu'ils ne sauraient vivre sans travailler, n'est-il point légitime, dans leur propre intérêt, de les contraindre au travail ?

Enfin, au point de vue méthodique, puisque tout est matériel dans le monde et que la science est, par conséquent, capable de prévoir nos véritables besoins, n'est-il pas évident qu'il faut laisser l'Etat organiser scientifiquement, logiquement, la production nécessaire d'après les besoins mêmes d'une consommation réduite aux seuls objets raisonnables.

Cicéron (1) reprochait aux Grecs de n'avoir qu'un

---

1. M. T. Cicéron. *Tusculanes*, L. II, XV : « *Travail* et *douleur* ne sont pas précisément la même chose, quoi qu'ils se ressemblent assez. *Travail* signifie fonction pénible, soit de l'esprit, soit du corps : douleur, mouvement incommode qui se fait dans le corps, et qui est contraire aux sens. Les Grecs dont la langue est plus riche que la nôtre n'ont qu'un mot pour les deux idées. Aussi appellent-ils les hommes actifs, *amis de la douleur* moins heureusement que nous qui les appelons *laborieux* car travailler n'est pas la même chose que souffrir..... Mais l'un approche de l'autre, car l'habitude au travail nous donne de la facilité à supporter la douleur ». Ed. J. V. Leclerc. Paris. Lefèvre, 1821, t. XXIV, p. 181. En fait, le reproche de Ciceron ne paraît pas fondé, laborieux se tradui-

seul mot pour exprimer le travail et la douleur et il loue la langue romaine de ne point confondre ces deux idées qui n'expriment pas précisément la même chose. Ce n'était point encore assez et notre conception moderne du travail semble laisser bien en arrière toutes celles de l'antiquité.

Non seulement le travail n'est plus de la douleur ni même quelque chose d'analogue, mais il représente, tout au contraire, le seul et véritable bonheur que nous pouvons espérer ici-bas. Nous ne vivons que par le travail, le travail est notre fin et l'association d'éléments matériels qui forme notre corps n'a de valeur qu'en raison de sa puissance matérielle d'action.

Et comme le *travail* personnifie le *bonheur*, il est facile d'en conclure que c'est le *non-travail* qui représente la douleur, inconsciente chez les riches,

---

sant il est vrai par φιλόπονος mais πονός (peine-travail) ne signifiant pas ἄλγος ou ὀδύνη, cependant d'une façon plus générale il n'en est pas moins juste en tant qu'appréciation des idées grecques sur le travail et c'est pour cela que nous le rapportons. Mais n'est-il pas curieux de voir plus tard certains commentateurs s'appuyer à leur tour sur l'autorité d'un autre passage de la même Tusculane (II, XXV, p. 208, éd. *cit.* : quod vehementer ejus artus laborarent...) pour interpréter dans un passage de Lactance (De moribus persecutorum. Ed. Bauldri. Broedelet 1693, p. 175. chap. XXIV) le verbe latin *laborare* dans le sens *d'œgrotare* (être malade). Et cela nous montre une fois de plus qu'en grec, comme en latin, l'idée de travail se confond toujours plus ou moins avec celle de douleur.

très violente chez les pauvres. Si donc nous sommes malheureux c'est : ou bien que l'organisation sociale ne nous permet pas de dépenser notre activité comme nous voudrions ou devrions le faire, ou bien qu'elle ne nous permet pas de jouir intégralement des fruits de cette activité contrairement au droit au travail et au droit naturel des hommes, aux fruits de leur travail. Enfin, puisque nous ne pouvons accroître la puissance de notre travail qu'en l'associant à celui de nos semblables et que, dès lors, la puissance de notre organisme est en raison directe de la puissance de l'organisme-Etat, tout bonheur venant du travail et le travail dépendant de l'Etat, ce n'est point en nous qu'il nous faudra chercher un refuge contre les défauts de la société, mais dans une reconstruction scientifique de cette société sans laquelle nous ne pouvons rien faire. Et comme l'individu ne vaut que par l'individu-Etat dont il fait partie, il suffira de créer scientifiquement une société parfaite pour obtenir le maximum de bonheur individuel.

Le dualisme ancien semble donc définitivement condamné ; l'homme n'est plus composé d'une âme qui se réserve pour une vie extra-terrestre et d'un corps destiné à souffrir et à rester ici-bas, le monde est un composé homogène dont les parties de même nature ne sauraient plus s'opposer.

Mais il faut bien le dire, si cette nouvelle façon

de concevoir l'univers a le singulier avantage de réduire et de préciser toutes les questions, elle ne fait, tout en même temps, qu'en rendre les solutions plus radicales et, par là même, plus difficiles à trouver.

L'esprit ne s'oppose plus au corps, l'un doit exclure l'autre en se l'appropriant, mais lequel? Tout est spirituel dans le monde, diront les uns, tout y est matériel, diront les autres et cela ne veut rien dire puisque les termes matériel et spirituel, n'étant en somme que des mots, peuvent se remplacer l'un par l'autre et, par là même, se confondent.

C'est que le véritable fondement de la discussion ne repose pas dans des mots ; ce qu'il importe de distinguer, ce n'est point tant le bien du mal, le spiritualisme du matérialisme, le libre-arbitre du fatalisme, le moral du physique, non, la véritable distinction qu'il importe d'établir n'est point objective, elle est simplement subjective, résulte de notre façon même de concevoir et résume toutes les autres contradictions ; c'est celle, si l'on veut, de l'espace et du temps, du nombre et du mouvement, de l'homogène et de l'hétérogène, de l'atomisme et du panthéisme, de la science et de la philosophie, du passé, en un mot, et du devenir. En réalité, le dualisme n'est point dans les choses, il est en nous, dans la différence dont nous concevons le passé et le devenir, notre erreur de méthode se fait douloureusement sentir lorsque nous prétendons ne plus en tenir compte et nous pensons que la socialisation de l'effort individuel ne vaut guère mieux que l'individualisme dans les rapports sociaux.

Les philosophes d'autrefois ont voulu nier le monde acquis et s'occuper exclusivement du devenir, mais en négligeant ainsi de jalonner scientifiquement la route qu'ils venaient d'accomplir, ils se sont trouvés tout aussitôt sans direction et sans point de repère dans leur marche en avant. Aujourd'hui, les savants nous poussent vers d'autres extrêmes ; nous nous arrêtons : pourquoi marcher dans l'illusion perpétuelle d'une cité mystérieuse que nous trouverons au bout du chemin? Cette ville tant désirée ne sera jamais que là où nous la construirons de nos propres mains. Dans notre longue caravane, les porteurs, toujours les mêmes se révoltent et leur révolte n'est pas sans fondement, les charges sont par trop inégales et nous traînons, à notre suite, beaucoup d'objets inutiles. Mais, de tout cela, faut-il en conclure la nécessité, la possibilité même, d'un arrêt définitif? Nous ne le pensons pas. La science est belle et féconde parce qu'elle peut nous rendre la marche moins douloureuse, agréable même, elle ne serait plus que nuisible le jour où elle nous barrerait la route.

La revanche de notre vie active de relation sur notre vie intérieure de contemplation, semble bien, de nos jours, devoir être complète et sans doute cette revanche lui était bien due, toutefois nous pouvons penser que cette réaction matérielle ne se fait point sans entraîner quelques excès de pouvoir à l'imitation des réactions idéalistes qu'elle remplace.

Et comme nous savons que toute organisation, répondant à la satisfaction de nos besoins physiques, se traduit toujours d'une façon exclusivement sociale, nous devons nous demander si légitimement nous pouvons socialiser toutes ces tendances que, jusqu'à ce jour, nous pensions devoir rester exclusivement individuelles, si la pure analyse quantitative de la science peut réduire l'unité qualitative de notre moi et véritablement si, d'une façon plus générale, le progrès peut se socialiser.

CHAPITRE III

DE L'ÉTABLISSEMENT ET DE LA DÉCADENCE DE L'ORDRE ÉCONOMIQUE ET DE L'ORDRE POLITIQUE

Les deux classes — Devoirs naturels et droits acquis. — Insécurité morale de la classe assurée de la sécurité matérielle. — Tristesse de la classe servile privée du loisir. — Insécurité moderne de la classe ouvrière progressivement exclue par le chômage du monde économique. — De l'établissement privé de l'ordre économique. — De l'établissement secondaire et public de l'ordre politique. — La hiérarchie naturelle et artificielle de la famille et l'ordre économique. — L'alliance politique des chefs de famille ou citoyens. — De l'établissement du gouvernement direct ou de la tyrannie. — L'état politique ne s'inquiète que du loisir ou du travail libre ; il suppose l'organisation antérieure du travail forcé. — L'échange vient après l'ordre économique primitif ; l'artisan après l'esclave. — De la transformation moderne du monde économique et des moyens de production. — L'abandon de l'esclave au profit de la machine. — La question sociale. — Les progrès de la science et la machine — La décadence de l'ordre économique et le chômage. — La famille économique n'est pas remplacée. — Réformes gratuites dans l'ordre politique. — L'individualisme et la liberté moderne. — La décadence de l'ordre politique. — Indépendance et insécurité politique des citoyens riches. — Indépendance et insécurité économique des citoyens pauvres. — Les progrès de la science et du chômage. — Le citoyen honoraire. — La restauration de l'ordre économique devient plus urgente à mesure que l'individualisme réduit l'importance de l'ordre politique.

L'histoire de l'humanité nous montre donc que, de tout temps, les hommes se sont assujetti d'autres hommes, qu'ils les ont fait travailler à leur place et par là se sont assuré, pour eux-mêmes, la sécurité et le repos. Et certes nous n'avions point besoin de la théorie moderne de la plus-value pour constater que si certains hommes se délivrent de tout travail, il en faut conclure, de toute évidence, que d'autres hommes travaillent pour eux, le seul bon sens suffirait à nous le montrer.

« Avec le régime de l'esclavage, nous dit M. de Laveleye (1), le maître recueille tout le produit du travail. Il donne à l'esclave ce qu'il faut pour l'entretenir et lui permettre de se perpétuer, et garde le reste pour lui. C'est donc comme si l'esclave travaillait une partie de son temps pour lui et ensuite pour son maître. Sous le régime de la corvée, le paysan travaille deux ou trois jours sur la terre du seigneur et le reste du temps sur la sienne. Il est à moitié affranchi, mais une partie de ce qu'il produit est prélevée par le domaine sei-

1. E. DE LAVELEYE. *Le socialisme contemporain*, 6ᵉ éd., 1891, p. 38. Karl Marx.

gneurial. Avec le métayage, ce n'est plus le temps du travail qui se partage entre le maître et le travailleur, ce sont les produits du travail, ce qui, au fond, revient au même. Le fermage, à son tour, n'est que la transformation du métayage avec cette différence que le fermier paie la part du propriétaire en argent. Mais toujours il travaille une partie du temps pour sa subsistance et le reste pour celle du maître qui lui a livré le sol. Dans le salariat, le même fait se reproduit. Une partie de la journée, l'ouvrier travaille pour obtenir l'équivalent de sa subsistance, c'est-à-dire son salaire, le reste du temps pour le capitaliste ».

Du reste, peu nous importe que ce phénomène se produise plus spécialement dans les rapports établis entre propriétaire foncier, fermier, capitaliste, ouvrier, ou toute autre personne intéressée directement à la production, l'idée est plus générale et ne saurait se préciser sans être amoindrie. Les fonctionnaires, les soldats, les savants, les artistes, salariés de la classe oisive (et de la classe laborieuse ?) reçoivent-ils le prix de leur travail, ou ne font-ils que vivre sur la plus-value du travail manuel ? l'action la plus désastreuse de la classe capitaliste sur la classe laborieuse, est-elle d'exploiter directement le travail manuel ou, tout au contraire, de profiter partiellement de son non travail en la forçant à chômer ? Autant de questions que la simple considération de la plus-value suffit mal à résoudre et qui nous entraînent à d'interminables recherches sur l'utilité des services de pure direction ou de la concurrence.

Mais quelle que soit la solution proposée, rien ne saurait modifier ce fait incontestable qui domine toutes les sociétés : à savoir l'existence d'une classe oisive vivant aux dépens d'une classe laborieuse et d'un gouvernement créé par la classe oisive pour maintenir l'ordre, c'est-à-dire cet état de choses. Or, c'est cette simple et indiscutable constatation qu'il importe avant tout d'analyser.

Nous disons tout d'abord qu'il existe une classe oisive imposant sa volonté à la classe laborieuse. Pour cela, elle doit être composée originairement des hommes les plus forts, mais nous savons que ce n'est là qu'une simple considération historique et que plus tard le simple avantage de la situation acquise héréditairement remplacera complètement celui de la force physique voir même de la supériorité morale (1)

1 « La survie des plus aptes, d'après M. Spencer, est la survie de ceux qui ont une supériorité industrielle et qui sont les mieux constitués pour répondre aux exigences de la société ». Si donc les exigences de la société sont mauvaises le plus apte sera celui dont les défauts s'adapteront bien au milieu social et comme le milieu social est un milieu artificiel où les selections se font un peu à la façon de celles que dirigent les éleveurs qui déforment les animaux destinés à la boucherie, les plus aptes pourront être finalement des monstres moraux, créant la société à leur image.

Si donc les hommes qui ont le mieux réussi sont ceux qui parviennent à s'assurer l'oisiveté, c'est, sans aucun doute, que cette oisiveté est la chose du monde la plus désirable. Cependant nous voyons bientôt ceux qui l'ont acquise en faire moins de cas que ceux qui ne l'ont point. Le travail semble manquer à l'homme oisif tandis que c'est surtout dans la classe populaire, accablée de travail, que nous voyons s'affirmer nettement un idéal de complète oisiveté.

A cela, rien d'étonnant, l'excès même de son travail poussant le peuple aux opinions extrêmes. Mais l'ennui de la classe oisive est plus curieux à constater, puisque cette classe représente, en somme, aux yeux du peuple l'idéal définitif auquel nous pouvons prétendre sur cette terre. Il n'est point, cependant, très difficile de se l'expliquer si l'on veut bien tenir compte un instant des données fournies par notre nature même.

Nous savons, en effet, que notre corps est en relation perpétuelle avec le monde extérieur auquel il appartient ; de là, nous l'avons vu en parlant du travail, un échange perpétuel, d'actions et de réactions disent les biologistes, de droits et de devoirs disent les moralistes, et suivant que nous arrivons à satisfaire plus ou moins aux exigences de notre corps, nous dirons que nous sommes plus ou moins heureux ou malheureux.

Vis-à-vis de la nature, nous avons donc des droits et des devoirs, c'est-à-dire la possibilité de subvenir à nos besoins, possibilité dépendant naturellement de l'effort qu'il nous faut faire pour y parvenir. Notre droit, c'est notre action, notre devoir c'est la résistance du monde extérieur. Notre devoir serait donc le droit de la nature et notre droit son devoir, mais nous n'avons point coutume d'appliquer ces termes aux agents naturels qui nous entourent, car nous les tenons pour inférieurs à la nature humaine et, par conséquent, incapables de la soumettre pour en profiter utilement.

Si nous avons, en effet, des droits sur la nature, cela signifie que nous sommes quelque chose de plus qu'elle ou, tout au moins, ses représentants les plus élevés et comme l'homme dépasse la nature ou si l'on préfère en marque le dernier progrès, rien de ce qu'elle contient ne lui est étranger et, par conséquent, inutile à soumettre. Il n'en est pas ainsi en sens contraire et lorsqu'une force naturelle « se soumet » un homme, nous disons qu'elle le détruit, qu'il y a là une perte, que la mort est un mal et certes cette idée ne nous est point seulement dictée par notre intérêt personnel, mais elle paraît résulter d'un jugement bien fondé sur la valeur des choses.

La question se présente avec moins de netteté lorsqu'il s'agit de déterminer les rapports des hommes entre eux. Si l'homme se soumet complètement d'autres hommes, à la façon des esclaves antiques, il se verra porté artificiellement à les considérer comme des agents naturels inférieurs. Il leur refusera donc tout droit, c'est-à-dire toute possibilité d'action légitime sur lui-même ; il ne leur laissera que des devoirs, c'est-à-dire toute possibilité d'action de lui sur eux, mais il ne s'en reconnaîtra pas, en conséquence, vis-à-vis d'eux. D'autre part, il aura tout avantage à leur conserver leurs droits vis-à-vis des tiers, prolongeant ainsi sa propre personne active, mais évitant pour lui-même les réactions.

L'homme de loisir n'a donc que des droits tandis que l'homme de travail n'a que des devoirs, tous deux sont donc des hommes incomplets et cette anomalie ne peut aller sans quelque douleur chez l'un comme chez l'autre, mais tandis que la douleur de l'homme laborieux, qui se voit dépouillé des fruits véritables de son travail, se comprend aisément, celle de l'homme oisif n'est point, de prime abord, tout aussi facile à saisir puisque l'oisiveté paraît être, de l'avis de tous, la condition la meilleure vers laquelle tendent tous nos efforts, qu'elle soit radicale, comme le pensent les travailleurs manuels qui ne voient rien sur terre en dehors de leurs travaux, si ce n'est le repos absolu, qu'elle soit, au contraire, toute relative à ce travail manuel et ne fasse que marquer le point de départ d'un nouveau mode d'activité, comme le croient les philosophes.

Toutefois, en y réfléchissant, on ne tarde pas à découvrir quelles sont les raisons qui font que le bonheur des hommes libérés de tout travail ne va point sans un certain mélange de douleur.

Sans doute, l'asservissement de l'homme par l'homme n'est point demeuré, jusqu'à ce jour, sans autre appui que celui de la force. De tout temps, les hommes ne se sont point fait faute de le justifier théoriquement et certes cette justification n'était point impossible à trouver. Nous savons, en effet, sans grand effort d'analyse historique, que le progrès véritable a toujours été accompli par des hommes vivant en société et se déchargeant sur d'autres de tout ou partie du travail nécessaire à leur existence, et si le progrès général de la civilisation se trouve être réellement le but unique de toute l'humanité, il faut bien en conclure que la distinction du *travail nécessaire* et du *travail volontaire ou loisir* attribués à deux classes différentes constitue la base même de tout progrès. Mais si cette division d'attributions peut se justifier pleinement, tant au point de vue scientifique général du groupement social qu'à l'égard des hommes privilégiés qui bénéficient du travail servile, il ne faut pas attendre pareille approbation de la part des classes sacrifiées. Car l'existence de chaque homme forme un tout qualitatif qui ne se recommence point et l'idée d'un bonheur général futur ne saurait remplacer un bonheur actuel et personnel, à jamais perdu.

L'homme, appartenant à la classe privilégiée, peut mettre en avant le progrès général de l'humanité, il peut-être tenté d'assimiler le travail de l'esclave à celui des forces naturelles et, dès lors, de le considérer comme une chose sans droit, ces fictions juridiques ne sont jamais que des fictions soutenues dans un intérêt social, mais qui ne sauraient faire illusion à personne, encore moins au maître qu'à l'esclave. Car si très généralement, le travailleur forcé n'entrevoit une liberté possible que dans un avenir tellement éloigné qu'il semble plus raisonnable de la reporter à une autre vie, l'homme privilégié, au contraire, mieux placé pour voir nettement les choses et comprenant par lui-même que cette liberté se peut fort bien réaliser sur terre, s'étonne plutôt de la résignation des classes laborieuses et craint perpétuellement leur révolte. De là les mesures, souvent inutiles et parfois excessives, qu'il se croit obligé de prendre à leur égard, de la aussi l'inquiétude et la crainte qui viennent troubler son bonheur; inquiétudes parfois puériles, étant donnée l'ignorance des basses classes, leur aptitude à la servitude volontaire et leur admiration pour la classe élevée qu'elles envient plutôt qu'elles ne songent à la combattre, mais justifiées parfois aussi, car il ne faut guère attendre de voir le progrès respecté par des hommes auxquels il ne profite en rien (1). C'est ainsi que, suivant les époques, on conseille tantôt de soulager le sort de la classe pauvre pour ne point la pousser au désespoir, et tantôt de l'aggraver pour qu'elle n'ait point le loisir de réfléchir et par là même, de se révolter (2). On saisit aisément tout ce qu'une pareille organisation a d'insuffisamment stable, d'artificiel et de nécessairement transitoire au point de vue général de la civilisation et que cet asservissement, utile tout d'abord pour fonder le progrès, ne tarde pas à en entraver radicalement la marche.

« Parmi les hommes réunis, disait Beccaria, il s'exerce un effort continuel qui tend à placer dans une partie de la société, toute la puissance et tout le bonheur et dans l'autre toute la misère et toute la

---

1. *Cf. Assemblée Nationale* 1789 : « Un peuple peut rarement quand il est pauvre connaître d'autres conditions que celles de la servitude : il ne peut avoir l'enthousiasme de la liberté quand il n'a rien à défendre, quand il lutte sans cesse contre le besoin et qu'une inégalité monstrueuse des rangs et des fortunes ne lui fait connaître, dans les lots de la vie, d'autre partage que l'abjection et l'orgueil, que la misère et le luxe.

2. .... ; on croit ou on veut faire croire que les contribuables uniquement livrés aux efforts qu'exige d'eux l'acquit des charges dont ils sont grevés sont détournés des insurrections et que dirigeant toutes leurs pensées vers l'obtention de leur subsistance, ils ne calculent point les degrés de leur dépendance ». MONTYON *Infl. des impôts sur la morale. des peuples.* Sect. V, § 1, coll. des économ., t. XV, p. 479.

faiblesse. L'effet des bonnes lois est de s'opposer sans cesse à cet effort. Mais les hommes abandonnent ordinairement le soin de régler les choses les plus importantes à la prudence du moment ou à la discrétion de ceux-là mêmes qui sont intéressés à rejetter les meilleures institutions...... Heureuses les nations qui n'ont point attendu que la succession lente des combinaisons et des vicissitudes humaines fissent, de l'excès du mal, un acheminement au bien (1) ». Or, si l'on veut bien y réfléchir, on verra que ce n'est point précisément l'idée même de cette organisation qu'il faut blâmer, mais la façon abusive dont elle se poursuit. Il est nécessaire que le progrès se fasse tout d'abord au profit d'une élite qui sache le développer et le confirmer par des lois,

1. *Traité des délits et des peines.* LAUSANNE 1766, pp. 1 et 3. Cette traduction due à Morellet ne suit point l'ordre de l'original. *Cf.* LAMENNAIS. *Le livre du peuple*, Paris, 1838, pp. 74, sqq. « Or presque partout la jouissance des biens naturellement destinés à tous a été le partage exclusif de quelques-uns, qui, tenant le peuple sous leur sujétion..... l'ont traité comme les animaux que le jour on attelle à la charrue et à qui on jette le soir une poignée de paille à l'étable. Et ils ont pu le traiter ainsi, ils ont pu le maintenir dans la servitude et l'ignorance et la misère, parce que, maîtres de la société et l'organisant à leur gré, dans l'unique vue de leur intérêt propre, ils ont ôté au peuple le moyen de défendre les siens, en le dépouillant de ses droits politiques en lui interdisant toute espèce de concours dans la fabrication des lois, dans la gestion des affaires communes et le réduisant à une simple obéissance passive ». *Cf.* aussi chap. VII.

il est bon que certaines personnes se libèrent de toute servitude matérielle et se développent ensuite à loisir, mais l'erreur de ces mêmes personnes est de vouloir à tout prix continuer indéfiniment à assurer leur sécurité matérielle aux dépens des autres hommes et de croire qu'elles augmentent ainsi toujours mieux leur sécurité, tandis qu'elles ne font plus que la compromettre en déséquilibrant hors de toute mesure, l'ordre social et en ne méritant plus, pour elles-mêmes, cette liberté qu'elles ne savent pas utiliser pour leur développement moral, comme elles le devraient.

« Il n'est pour les sociétés, disait Louis Blanc, ni progrès partiel ni partielle déchéance. Toute la société s'élève et toute la société s'abaisse. Les lois de la justice sont-elles mieux comprises ? toutes les conditions en profitent. Les notions du juste viennent-elles à s'obscurcir, toutes les conditions en souffrent. Une nation dans laquelle une classe est opprimée ressemble à un homme qui a une blessure à la jambe, la jambe malade interdit tout exercice à la jambe, saine... (1) ». Ceci n'est point exact lorsque les sociétés en sont encore à l'état embryonnaire, il faut alors que certains organes se développent avant les

---

1. Et il ajoutait : « Prouvons donc : 1º que la concurrence est pour le peuple un système d'extermination ; 2º que la concurrence est pour la bourgeoisie une cause sans cesse agissante d'appauvrissement et de ruine. L. BLANC. *Organisation du travail*, pp. 12, 14. B.N.-R. 29, 143.

autres et c'est ainsi que l'esclavage est parfois un heureux expédient, favorisant l'éclosion du progrès, mais lorsque la civilisation se développe, lorsque la sécurité matérielle paraît assurée pour toute la nation, lorsque les exigences biologiques pouvant être aisément satisfaites, l'activité humaine peut aborder enfin un domaine plus digne de ses forces, alors rien n'est plus vrai. Les éléments en retard de la société qui en sont encore réduits aux premiers tâtonnements de l'animal cherchant à assurer sa vie, tirent violement le progrès en arrière et c'est le sentiment de cette disjonction sociale qui fait naître communément l'idée contraire de solidarité.

« Le premier vice fondamental, générateur de tous les autres, disait l'icarien Dinaros en énumérant les défauts de l'ancienne organisation sociale, c'était l'inégalité de fortune et de bonheur. Je n'examine pas si c'était une *injustice*, je constate seulement le fait et les conséquences, je me borne à remarquer qu'il divisait les Icariens en deux peuples, des riches et des pauvres, des heureux et des misérables, des oppresseurs et des opprimés et qu'il établissait entre ces deux peuples, la jalousie, l'envie, la haine et une guerre continuelle (1) ». Nous non plus, nous n'examinerons pas ce qu'une pareille

1. Cabet. *Voyage en Icarie*, Paris 1846. II. 1, p. 310.

situation peut avoir de juste ou d'injuste, ce sont là des considérations qui résultent des faits plutôt qu'elles ne les commandent, mais il faut bien le dire, si nous trouvons quelque chose à reprendre dans ce tableau de l' « ancienne » organisation sociale c'est, sans aucun doute, qu'il nous paraît demeurer encore au-dessous de la réalité.

La façon dont on divise ordinairement la société entre gens heureux et malheureux nous semble, en effet, présenter la question sous un faux jour qui n'est point fait pour en hâter la solution.

Si véritablement la nation se composait de citoyens heureux et de malheureux nous ne saurions véritablement pas historiquement sur quelle base logique appuyer la critique d'une telle société. Les considérations humanitaires sont étrangères à l'histoire naturelle des peuples, elles sont toutes relatives aux possibilités actuelles et si les derniers habitants d'un pays ne sont pas plus malheureux qu'ils ne le seraient à l'état naturel, si, d'autre part, certains citoyens sont parfaitement heureux nous pouvons affirmer qu'il y a progrès sur l'état général primitif, tout en pensant que ce progrès n'a rien de définitif. Or, nous savons que très généralement, quoiqu'on en dise, le dernier citoyen d'un Etat est plus heureux qu'il ne le serait à l'état de nature car si nous considérons la vie comme un bienfait on peut même affirmer que, fort souvent, le dernier habitant n'aurait jamais vu le jour si l'état n'eut pas existé.

Mais le malheur anormal des soi-disant heureux est autrement inquiétant et c'est bien plutôt, de lui que l'on peut raisonnablement tirer la critique d'un état social quelconque. L'homme heureux doit marquer le but atteint et non seulement il doit être parfaitement heureux pour lui-même, mais son bonheur doit servir de modèle enviable pour tous les éléments en retard d'un pays. Si donc, il n'est pas véritablement heureux, non seulement cela nous enseigne qu'il y a quelque chose de vicié dans sa façon d'assurer son bonheur, mais nous en pouvons conclure, tout en même temps, ce qui est autrement grave pour l'avenir, que l'idéal populaire, créé d'après lui, se trouve entièrement faussé et qu'en définitive les classes de la société luttent entre elles pour conserver ou acquérir un bonheur illusoire.

Or, nous voyons qu'en général l'homme de loisir n'est point heureux et comme nous savons, d'autre part, que ce qui le caractérise c'est de n'avoir que des droits sans aucun devoir réciproque, c'est donc que l'idéal populaire se trouve quelque peu erroné et que la sensation du devoir semble tout aussi nécessaire que l'exercice des droits pour assurer notre bonheur. Enfin, comme nous avons vu que la meilleure condition pour l'homme paraît être d'obtenir de son travail un maximum de rendement pour un minimum de peine, nous dirons que le bonheur consiste à accomplir des devoirs nécessaires en réduisant ces devoirs à leur strict minimum pour un maximum de rendement en droits.

L'homme laborieux n'atteint presque jamais le but véritable de tout travail, c'est-à-dire le loisir, mais il se sent toujours d'instinct dans la bonne voie qui devrait y conduire ; il fait son devoir et si les droits restent toujours hors de sa portée, c'est pourtant vers eux qu'il se dirige. L'homme de loisir, au contraire, anticipe par sa situation sur les résultats du progrès, il se sent bien débarrassé de toute obligation et en possession de ses droits, mais il comprend que sa situation n'est due qu'à la soumission des autres, qu'elle ne dépend point, en quelque sorte, de lui, qu'elle n'est point le résultat de son effort personnel et que sa liberté est soumise au bon plaisir de ses esclaves. Le travailleur manuel n'est jamais inquiet parce qu'on ne saurait le dépouiller des moyens d'être oisif qu'il ne possède pas encore ; l'homme de loisir, au contraire, l'est toujours parce que ces moyens d'être oisif qu'il possède ne lui sont point personnels comme la force de travail de l'ouvrier, parce qu'ils ne portent point la marque de leur propriétaire, qu'ils sont matérialisés et que le premier venu peut se les approprier. Car de même que l'homme s'empare des produits de la nature, rien ne l'empêche d'agir de même et de considérer ainsi le produit du travail d'un autre homme. Dans l'état de nature tout produit des forces extérieures est bon à prendre, que ces forces soient celles de la terre ou d'un autre homme, les conventions sociales peuvent seules faire cesser un pareil état mais qu'importent les conventions sociales à qui n'a rien à garantir par traité ?

L'homme de loisir est donc inquiet parce que la propriété du capital qui assure son loisir ne peut être garantie que par des conventions, que ces conventions tacites, puis expresses ne sauraient être respectées que par d'autres hommes de loisir également intéressés à les respecter, et que l'existence même des hommes de loisir supposant l'existence parallèle d'hommes uniquement voués au travail, la présence de ces derniers constitue pour eux un danger perpétuel mais qu'il est impossible d'éviter.

C'est à la crainte de ce danger que nous devons historiquement la constitutions des sociétés politiques et l'origine même de toute civilisation. Mais ainsi que nous allons le voir en retraçant brièvement les principales étapes de ce long développement, si dans le principe le *loisir du citoyen* se tire artificiellement du *travail de l'esclave,* dans les temps modernes la science intervient et la machine plus

8

docile et plus sûre remplace peu à peu l'esclave. Or, si d'une façon générale, il y a là un progrès diminuant le travail humain et intéressant également tous les hommes, cette plus-value n'est point sans se répartir d'une façon bien différente suivant les classes et, comme si véritablement il devait toujours y avoir une partie de la population pour laquelle tout progrès devient une nouvelle cause de malheur, nous voyons que le loisir attribué par l'outillage mécanique à l'ouvrier, ce loisir tellement envié par tous, n'est pour lui qu'une insupportable menace de mort : aux deux sources anciennes de désorganisation sociale, l'*inquiétude* du maître arrêtant tout progrès et le *désespoir* de l'esclave condamné au perpétuel travail, s'ajoute aujourd'hui l'exclusion de la société économique, plus douloureuse encore que le travail forcé puisqu'elle ne conserve même plus l'espoir au cœur de l'ouvrier : l'ironique loisir du *chômage*.

Le désir pour l'homme de jouir en paix des fruits de son travail est, avons nous dit, la base même de toute organisation politique. Le chasseur primitif qui, après avoir travaillé toute la journée, s'apprête à jouir quelque temps des fruits de son travail, n'est point sans inquiétude. Ce travail matérialisé, le premier venu peut le lui prendre, le travail accompli n'a plus rien de nécessairement personnel, et en objectivant son effort, voici qu'il perd en sécurité ce qu'il semblait devoir y gagner. Aussi voyons-nous une organisation sociale rudimentaire apparaître, dès l'origine, pour protéger ces droits acquis aux fruits du travail. Il suffira, tout d'abord, de l'intérêt pratique qu'auront des hommes de même force à voir respecter leur capital pour les engager à ne point s'emparer de celui des autres dont ils auraient à redouter les représailles et ce sera bien dans ce contrat tacite de renoncement, entre hommes de même force, que l'état prendra ses origines. En général, l'Etat nous apparaît donc comme un ensemble de conventions tacites puis expresses, puis personnifiées en des autorités politiques déléguées chargées de faire respecter le droit de propriété de chaque individu aux produits de son travail, c'est-à-dire au loisir laborieusement acquis. Mais il est évident que ce pacte de renoncement au pillage des fruits recueillis par le voisin, ne saurait être dicté par une idée de justice, sans aucune signification pour des hommes primitifs et qu'il résulte, tout naturellement, de l'équilibre qui ne manque pas de se produire entre les pillages réciproques d'hommes de même force; égalité qui les rend par là même parfaitement inutiles et nuisibles puisqu'ils ne font que rendre le travail plus pénible sans aucun profit pour chacun. Enfin, il faut remarquer que cet équilibre des premières républiques peut se trouver détruit si les richesses d'un citoyen surpassent tellement celles des autres que ceux-ci ont avantage à se réunir pour les piller, au mépris de toutes les conventions antérieures et du trouble qui peut en résulter pour la confiance et la sécurité générales.

Mais, et c'est ici qu'il importe de considérer attentivement l'histoire des sociétés pour n'en point tirer de faux enseignements, ce pacte ou ce contrat (le mot reste toujours inexact pour désigner un groupement qui se fait d'instinct) ce pacte disons-nous, n'intervient qu'entre hommes n'ayant point avantage à se combattre, c'est-à-dire entre hommes forts, *ayant un certain pouvoir* selon la formule dont Aristote se servait pour définir le véritable citoyen ; mais il va de soi que les plus faibles dont les représailles ne sont point à craindre, sont dépouillés du peu qu'ils peuvent avoir, confondus avec ceux qui n'ont rien et privés, comme eux, de toute autorité.

L'état politique ne peut donc s'établir que sur la rigoureuse égalité des plus forts et c'est en vertu de cette idée que nous voyons, dès l'antiquité, l'historien Thucydide nous expliquer l'heureux développement d'Athènes par l'infertilité de l'Attique qui ne permit jamais à quelques individus de s'élever démesurément au-dessus des autres et, par là même, de piller les plus faibles ou de s'exposer à leurs convoitises. Mais nous voyons aussi dans le même historien, que la cité athénienne fut réellement fondée par des hommes également puissants, chassés par les guerres et par les séditions de leurs pays d'origine (1) ». Il ne faut point en effet s'y tromper l'état économique est toujours antérieur à l'état politique car les besoins de notre corps doivent toujours être satisfaits avant ceux de notre intelligence et si le citoyen de la cité antique dont nous parle Aristote se trouve doué d'un certain pouvoir (2) politique de magistrat, ce pouvoir n'est pour lui qu'une simple conséquence du pouvoir économique qu'il possédait primitivement et ce pouvoir économique se trouve entièrement constitué dans l'organisation de la famille. Celle-ci se compose d'abord, écrit Aristote (3), de l'homme et de la femme, du maître

1. THUCYDIDE. *Histoire de la guerre de Peloponèse.* L. I, § 2. « La meilleure terre était celle qui changeait le plus souvent de maître, par exemple la Thessalie.... C'est que la richesse du sol en accroissant les forces de quelques individus, donnait naissance à des dissentions qui minaient le pays plus exposé d'ailleurs à la convoitise des étrangers. Voilà pourquoi l'Attique préservée des factions par son infertilité a toujours eu les mêmes habitants depuis l'antiquité la plus reculée. Et ce qui prouve combien j'ai raison de dire que les migrations continuelles empêchent les autres contrées de prendre un semblable développement, c'est que, dans tout le reste de la Grèce, les plus puissants de ceux que chassaient les guerres ou les séditions se retirèrent à Athènes comme en un asile assuré... ». Voir aussi la trad. de Cl. de Seyssel. Paris, 1527.

2. ARISTOTE. *La politique.* L. III, ch. I, § 10.

3. *Id.* L. I, ch. I, § 5. Voir pour la politique d'Aristote la trad. fr. de Nic. Oresme. Paris, 1489 et de B. St-Hilaire, Paris, 1837.

et de l'esclave « Hésiode (1) a dit, avec raison, que la première famille fut composée de la femme et du bœuf fait pour le labourage. En effet, le bœuf tient lieu d'esclave aux pauvres. Ainsi naturellement l'association qui se forme pour les besoins de chaque jour est la famille composée de ceux que Charondas appelle homosipyens (prenant du pain à la même huche et que Epiménide de Crète, nomme homocapiens (mangeant à la même crèche) ». Mais il n'est point juste de penser avec Aristote, que la réunion de plusieurs familles formant une bourgade, c'est de la réunion de plusieurs bourgades que nait l'Etat. Une pareille hiérarchie est élégante au point de vue didactique, mais elle compromet la recherche des principes que nous devons poursuivre dans la réalité pratique : sans doute nous pouvons dire au point de vue géographique que tous les habitants d'un pays font plus ou moins partie de la nation, mais si nous envisageons rigoureusement la seule constitution de l'Etat politique nous sommes amenés à dire que celui-ci est formé, non seulement comme le voulait Bodin, par les seules familles, (2), mais plus précisément encore, que par leurs chefs.

La famille, groupement économique, est donc antérieure à l'Etat politique. « De même, disait

---

1. *Les œuvres et les jours.* V. 402 ou 376. *Cf.* trad. Le Blanc-Lyon 1547.

2. J. Bodin. *De la République*, L. I. *Du Gouvernement*, ch. I.

Bodin, que le fondement peut être sans élever dessus une maison, de même la famille peut exister sans cité, ni forme d'Etat » (1). Mais, quoi qu'il en pense, l'Etat n'est pas composé de familles et Xenophon et Aristote ne se sont pas égarés « en ôtant l'économie à la police et en détachant la famille de l'Etat ». Sans doute, on ne peut « bâtir une ville sans maisons (2) » et l'Etat ne saurait se concevoir sans familles préexistantes, mais comme l'auteur de la République le remarque lui-même, une famille ne saurait former un état. « Quand le père de famille auroit sept cens femmes comme Salomon, cinq cens enfans comme Hermotimus, cinq mille esclaves comme Crassus ; s'ils sont tous sous la puissance d'un seul chef, pourvu qu'il ne soit pas à la mamelle, ce n'est pas un peuple ni un Etat mais une seule famille, lors mêmes que plusieurs des enfants et des esclaves seraient mariés » (3). Ce n'est donc point la famille par elle-même qui forme l'Etat, ni l'addition de plusieurs familles, car plusieurs incapacités réunies ne sauraient engendrer quelque chose de positif, l'Etat naît uniquement de l'entente intervenue entre les chefs de famille, ses uniques et premiers citoyens.

« Lorsque le chef de famille, nous dit lui-même

1. *Id.*, ch. VI.
2. *Id.*, ch. II.
3. *Id.*, chap. II.

Bodin, sort de son domestique, où il est absolu, pour traiter de la chose publique avec les autres chefs, il dépouille le nom de maître, de chef de seigneur, il s'abaisse à celui de compagnon, de pair, d'associé ; il ne gouverne plus sa famille, il est membre d'une Cité ; il n'est plus occupé des affaires de l'intérieur, il manie l'intérêt public ; il n'est plus seigneur, il s'appelle citoyen c'est-à-dire sujet, libre, ... ce qui le différencie de l'esclave qui, sujet de l'Etat, n'est pas citoyen » et il ajoute : « tout citoyen est bien sujet en ce que sa qualité est bien resserrée par la puissance de celui auquel il a voué obéissance (2) ; mais tout sujet n'est pas citoyen comme les femmes et les enfans de famille qui, francs de toute servitude, n'on pas un exercice indéfini de leurs droits et de leurs biens » (3).

« La raison et la lumière naturelle » ne nous démontrent donc pas comme le voulait Bodin : « que

---

1. Bodin étant un partisan déclaré de la monarchie absolue, personnifie naturellement la puissance supérieure sociale qui n'est autre pour lui que le roi, il faut évidemment corriger cette idée dans le sens indiqué par J.-J. Rousseau :.... « Or, le souverain n'étant formé que des particuliers qui le composent n'a ni ne peut avoir d'intérêt contraire au leur...... » (Contrat social. L. I, ch. VII. Paris, 1819, t. XII, p. 195) et ch. VI : « A l'égard des associés ils prennent collectivement le nom de peuple et s'appellent en particulier citoyens, comme participant à l'autorité souveraine et sujets comme soumis aux lois de l'Etat ».

2. BODIN. *Id.*, ch. VI.

la violence est l'origine des Etats ». Sans doute « les plus célèbres historiens : Thucydide, Plutarque, César, Solon, avouent que les premiers hommes n'avaient rien de plus cher que de tuer, massacrer voler ou dompter leurs semblables et l'écriture sainte nous l'atteste... » mais si ces violences sont nécessaires à l'établissement de la puissance privée du citoyen, c'est-à-dire de la famille, l'état politique nous apparaît plutôt à sa naissance comme une institution négative, comme un état de paix entre nations également souveraines et si, par contre coup, il transforme les violences passées en droits acquis il n'en est pas moins entre citoyens puissants c'est-à-dire entre chefs de famille, un renoncement à la guerre (1).

Tout naturellement, la charge de maintenir l'ordre général s'est trouvée bientôt confiée, soit à chaque famille à tour de rôle, soit à tel chef en particulier et la fonction gouvernementale s'est créée puis spécialisée et c'est de là que procède toute l'histoire des organisations politiques dont nous n'avons point à nous occuper ici. Parfois les chefs de famille, respectant le lien égalitaire qui les unit, n'auront d'autre souverain que la loi commune mais,

---

1. Une situation analogue, résulterait d'un traité de paix perpétuelle signé de nos jours par tous les gouvernements des états souverains d'Europe et n'engageant pas actuellement leur politique intérieure.

souvent aussi, une famille dépassant toutes les autres par ses richesses, excitera l'envie ; comprenant le danger elle prendra, le plus ordinairement ses précautions, restera sur la défensive puis, par là même, augmentera tellement ses forces, intéressera tant de citoyens à sa cause, qu'elle finira, le plus souvent, par imposer à la cité la tyrannie de son chef ; parfois ce sera à la suite d'un danger extérieur repoussé et après la victoire. « Le chef des vainqueurs continuera à commander aux uns comme sujets fidèles et aux autres comme esclaves » (1), la servitude militaire imposée par un danger extérieur préparant la servitude volontaire des citoyens, encouragée par la détente qui suit généralement une guerre. Et comme l'idée générale de personne morale se sera déjà fait jour depuis l'établissement de l'Etat, les citoyens prompts à personnifier leurs idées accepteront le plus souvent ce joug et le déclareront équitable.

Mais au point de vue économique, une seule chose nous intéresse à savoir que l'Etat n'est point le résultat d'une entente entre tous les habitants d'un pays mais bien entre les seuls citoyens disposant d'un certain pouvoir matériel, c'est-à-dire, presque toujours, entre les chefs de famille. Et ce contrat tacite n'est point autre chose qu'un traité

---

1. Bodin. *Id.*, ch. 6.

de paix ou plutôt de renoncement au pillage fait en vue de garantir à chacun la tranquille jouissance des fruits de son travail et la propriété de ses instruments de production dont le premier de tous est l'esclave.

Il semble donc que l'on confond le plus généralement deux choses essentiellement distinctes dans l'histoire des sociétés : la formation du groupement économique d'une part et, de l'autre, celle de l'état politique et cette confusion n'est point sans apporter un certain trouble dans les constructions théoriques de notre temps. Sans doute, l'Etat proprement dit intervient souvent dans l'ordre économique et son action s'y fait parfois très vivement sentir, mais si l'on veut bien y regarder de plus près, on constatera que cette action n'est jamais primitive et créatrice. L'état politique n'intervient que pour maintenir et faire respecter les principes établis par l'ordre économique, c'est-à-dire par les citoyens qui le représentent; mais comme le citoyen, produit de l'ordre économique, se trouve être antérieur à l'ordre politique qu'il a fondé avec d'autres citoyens, il va de soi que cet ordre politique ne peut jamais refléter que ses propres intérêts et ne saurait intervenir dans la constitution même de l'ordre économique.

Si au point de vue du citoyen l'ordre politique est public, l'ordre économique, lui, reste toujours privé; l'ordre politique ne peut donc défendre, dans l'ordre économique, que les intérêts des seuls citoyens c'est-à-dire des chefs de famille. Ainsi, tandis que la famille essentiellement hiérarchique, représentant l'ordre économique, ressemble en quelque sorte à un organisme vivant, l'état politique, lui n'est qu'une association purement morale et défensive maintenant les droits acquis, favorisant leur exercice, mais n'ayant jamais à intervenir dans leur création.

L'état politique ne connait que des citoyens libres et dégagés de toute servitude matérielle, il suppose donc un ordre économique existant, mais il ne s'en inquiète pas. Théoriquement donc, il ne lui appartient pas d'assurer la sécurité matérielle des citoyens puisque le fait même de son existence suppose qu'elle l'est ; mais dans la pratique, il peut en être autrement, l'histoire d'Athènes ou de Rome en est la preuve, lorsque, l'égalité de fortune étant rompue, la sécurité des citoyens assurés du loisir, peut être menacée par le soulèvement soit des esclaves, soit des hommes libres qui n'ont conservé que le titre de citoyens mais en ont perdu la signification matérielle ou ne l'ont pas encore comme de nos jours.

Mais lorsque l'Etat politique agit ainsi, il ne le fait que dans l'intérêt des citoyens véritables, c'est-à-dire de ceux dont le loisir est matériellement assuré et non dans l'intérêt des plus pauvres. Il accomplit une charité nécessaire plutôt qu'il n'organise un nouvel ordre économique ; agir autrement serait, pour lui, sortir de ses attributions constitutionnelles sans même le pouvoir faire utilement.

L'état politique représente l'humanité délivrée de tout souci matériel, poursuivant sa route vers un idéal plus élevé ou, tout au moins, capable de la poursuivre ; s'occuper d'organisation économique serait donc, pour lui, revenir en arrière et se nier soi-même ; il ne peut le faire que par accident, pour assurer sa sécurité, dans les seules limites où cela lui est nécessaire.

Bien que tous deux soient indispensables, nous voyons donc que l'ordre économique s'oppose à l'ordre politique et ne saurait se confondre avec lui. Le premier représente la base indispensable de tout progrès humain, le second, ce progrès même qui ne peut commencer réellement à se développer que lorsque les exigences animales de l'homme sont satisfaites. Aussi bien ne devons-nous pas nous étonner de voir les théories sociales, construites exclusivement sur l'un ou sur l'autre, demeurer toujours incomplètes et stériles.

En développant l'Etat politique seul, on néglige, par là même, les racines de l'arbre social et celui-ci ne tarde pas à se dessécher et à mourir ; mais en cultivant l'ordre économique seul, on se croit obligé de saper les branches et l'on enlève ainsi aux racines leur but et leur seule raison d'être.

C'est ainsi que la méthode scientifique, qui ne peut construire qu'avec des données fixes et positives, s'appuie, de préférence, sur l'idée de division du travail que, dans l'espèce, nous pourrions désigner plus exactement sous le nom de concentration du travail.

Par elle, l'origine de la société, aussi bien que son développement, résulte de la concentration du travail, comme l'animal vivant naît de la concentration de plusieurs phénomènes chimiques.

Les hommes se réunissent, tiennent conseil, et, pensant que la division du travail peut seule assurer une production plus intense en en diminuant les frais généraux, ils se forment en société industrielle et c'est ainsi que naît l'Etat. Pour le philosophe, les choses ne peuvent se passer ainsi. Lorsque des marchands étrangers viennent proposer d'échanger les produits qu'ils ont en abondance contre d'autres produits dont ils manquent, ils n'en demeurent pas moins étrangers et ces transactions, non seulement ne sauraient suffire à créer un Etat, mais elles ne nous paraissent même possibles que si l'existence antérieure d'un Etat peut en garantir la sécurité, sans quoi les marchands se verraient tout bonnement pillés. Ils le seront, du reste, si les citoyens composant l'Etat ne jugent pas qu'il leur serait nuisible pour l'avenir, dans leur propre intérêt, de le faire. Enfin, si dans les rapports internationaux, l'Etat nous apparaît comme antérieur à l'échange, il en est de même à l'intérieur de chaque Etat ; la concentration industrielle, due au grand outillage, est un phénomène moderne, mais dans les sociétés primitives, il n'en est point de même, l'échange y est moins nécessaire, car chaque famille forme un petit monde économique qui peut se suffire à lui-même et où la division du travail n'engendre pas l'échange proprement dit. Chacun y reçoit selon ses stricts besoins et travaille selon ses forces. La plus-value est pour le chef de la maison qui, grâce au travail des femmes, des enfants et des esclaves, peut se délivrer de tout souci matériel. L'échange n'apparaît que postérieurement avec l'artisan qui travaille pour le public et qu'il ne faut point confondre avec l'esclave travaillant pour son maître.

Et cette apparition de l'artisan postérieure dans l'ordre logique à celle de l'Etat, s'explique par un accroissement de civilisation nécessitant une spécialisation industrielle dans la production de certains objets d'un usage exceptionnel et d'autre part, par un appauvrissement de certains citoyens qui n'ont plus une famille suffisante pour subvenir à tous leurs besoins.

L'ordre économique, à ses origines, se trouve donc

inscrit dans la famille à l'exclusion de toute idée d'Etat politique et ce dernier n'apparaît ensuite que sous la forme d'un renoncement mutuel au pillage consenti entre chefs de famille, c'est-à-dire entre hommes ayant un certain pouvoir matériel. Puis, naît le gouvernement, il n'est que la matérialisation active de cette convention négative, mais lui non plus ne crée pas d'organisation économique il ne fait que protéger celle qui est établie et c'est à lui qu'il faut rattacher la naissance de certaines fonctions publiques, soldats le plus souvent mercenaires, magistrats, etc., nécessitant l'établissement, par contribution, d'un budget commun destiné, comme un véritable fonds d'assurance à protéger la propriété des moyens d'acquérir et de conserver le loisir.

Les moyens de conserver le loisir sont naturellement, à peu de chose près, les mêmes aujourd'hui qu'autrefois. Ils comprennent les biens matériels nécessaires à notre corps, c'est-à-dire ceux qui permettent le loisir, les biens matériels nécessaires ensuite à la jouissance de ce loisir et enfin la représentation de ces deux sortes d'objets en monnaie ; mais le développement de la monnaie suivant celui de l'échange, c'est-à-dire de la vie économique extérieure à la famille, si les moyens d'assurer la jouissance du loisir sont toujours matériels, par contre, les réserves de biens nécessaires à la vie physique sont remplacées aujourd'hui par l'argent ; et si cette transformation diminue d'autant la richesse générale effective, elle n'est point sans faciliter, par contre, singulièrement l'accaparement des réserves, une réserve en or se conservant plus discrètement qu'une réserve en bétail et, chose singulière, portant intérêt au lieu d'être une lourde charge d'entretien.

Quant aux moyens de production, leur importance réciproque a considérablement varié en raison des progrès de la science et cette variation se trouve tout en même temps, modifier profondément l'ordre économique et moral.

En effet, nous avons vu que ces moyens ont été dans l'antiquité plus spécialement représentés par les esclaves qni étaient alors la force la plus productive qu'il fût possible de soumettre. Mais, de nos jours, la force humaine est devenue infiniment moins précieuse et d'un moindre rendement que la force mécanique aussi la propriété des esclaves se trouve-t-elle avantageusement remplacée par celle des machines qui reçoivent presque seules, désormais, le nom de moyens de production, bien que l'on utilise toujours en seconde ligne les forces créatrices naturelles des machines primitives : l'homme, l'animal et la plante.

Mais si cette substitution progressive des machines aux esclaves paraît se mieux conformer à l'ordre naturel des choses en délivrant l'homme, né pour avoir des droits et en soumettant la matière qui n'en a point vis-à-vis de lui, elle ne semble pas pour cela résoudre encore actuellement ce qui fait le fond même de la question sociale, à savoir la situation des plus malheureux, situation qu'elle ne fait qu'aggraver en place d'y porter remède.

Sans doute, nous savons que le travailleur manuel ne fait jamais partie de l'Etat politique proprement dit mais dans le régime esclavagiste une autre organisation prend soin de lui : celle de la famille dont il fait partie (1) et comme cette organisation repré-

1. *Cf.* Grotius. *Du droit de la guerre et de la paix*, trad. Barbeyrac. Amsterdam, 1724, t. II, pp. 899 sqq. L. III, ch. XIV. — L'humanité, dit Grotius, veut aussi qu'on n'exige d'un esclave que ce qu'il peut faire raisonnablement et qu'on ait égard à sa santé. C'était une des raisons pour lesquelles le Sabbat fut institué, la loi de Moïse voulait, par là, donner aux esclaves quelque relâche de leurs travaux. Les sages païens ont pratiqué et recommandé cette modération. Une femme philosophe de la secte de Pythagore, donne pour maxime qu'un maître juste et raisonnable doit traiter ses esclaves de telle manière qu'ils ne soient ni accablés d'un trop grand travail, ni incapables de servir faute des choses nécessaires à la vie. Voici ce que dit Pline le jeune, en écrivant à son ami Paulin...». J'ai toujours dans l'esprit ce vers d'Homère. Il avait pour ses gens une douceur de père. — Et je n'oublie point le nom de père de famille que parmi nous on donne aux maîtres ». Sénèque remarque aussi que c'était pour inspirer aux maîtres de tels sentiments et pour adoucir ce que le mot d'esclave renferme d'odieux, qu'on avait appelé le maître *Père de famille*, et les esclaves *gens de la famille*. Quelques pères de l'Eglise, Tertullien, St Jérôme, St Augustin, ont tiré

sente celle de l'ordre économique tout entier, l'esclave n'a pas besoin d'être citoyen pour être compris dans la société économique. L'esclave est donc un homme dont la vie matérielle est assurée mais qui, à la différence de son maître, n'a point de loisir puisque son loisir lui appartient. La loi d'airain, si elle existe, lui apparaît donc comme une garantie parce que le salaire minimum qu'elle lui accorde en nature est toujours assuré. « Si les esclaves dit Grotius sont obligés de travailler les maîtres doivent les nourrir et les entretenir en vertu de leurs engagements réciproques ... Aristote (1), Caton (2), Cicéron (3), Sénèque (4), établissent formellement cette obligation. Le grammairien Donat (5) nous apprend qu'on donnait à un esclave pour sa nourriture qua-

la même conséquence de ce nom de père de famille dont les maîtres les moins raisonnables se faisaient honneur.—Le grammairien Servius a fait une semblable remarque à l'occasion du mot d'*enfants* dont on se servait pour appeler et pour désigner les esclaves. Les Héracléotes donnaient à leurs esclaves Maryandiniens le nom de donataires pour adoucir ce que le titre d'esclave a de désagréable comme le remarquait Callistrate, ancien scholiaste grec du poète Aristophane. Les anciens peuples d'Allemagne regardaient leurs esclaves comme des fermiers et Tacite les en loue. — Voir *Sénèque*, épist. XLVII. -- *Macrobe*, Saturnal. L. 1, ch. XI. — *St Augustin*. *De civit Dei*, L. XIX, ch. XVI. — *Tacite*. German, ch. XXV.

1. *Econom*. L. I, ch. V.
2. *De re rustic*, ch. V.
3. *Offic*., L. I, ch. XIII.
4. *De Benef*., L. III, ch. XXI.
5. *In Terent*, Phormion Act. 1, Sc. 1, v. 10.

tre boisseaux de blé par mois. Le jurisconsulte Marcien dit qu'il y a des choses qu'un maître ne saurait se dispenser de fournir à ses esclaves comme (1) les habits et autres choses semblables (2) ». Il en est sensiblement de même dans le système féodal, le seigneur ayant tout intérêt à développer un système pourvoyeur non-seulement pour percevoir plus de droits, mais aussi pour assurer l'approvisionnement du fief (3).

Avec l'augmentation du machinisme, au contraire, l'homme qui est obligé de travailler pour vivre peut se trouver rejeté définitivement en dehors de l'ordre économique ou par intermittences.

Bien que l'intervention d'un ouvrier soit toujours nécessaire pour la direction des machines, comme ces machines représentent des forces matérielles

---

1. *Cf. Digest.* L. XV, t. I-XL.
2. *Grotius, op. cit.*, L. III, ch. XIV, § 6-1.
3. *Cf.* Cauwès. Cours d'Ec. pol. *ms.* Paris, 1896-97, 7° leçon. « Le commerce ambulant... ne fait pas concurrence aux produits indigènes. Même si cela était, l'intérêt de la concurrence ne serait pas pris en considération, tout est sacrifié à l'intérêt commun. L'intérêt isolé d'une corporation ne serait pas assez fort pour se faire écouter et, dès lors, il n'y a qu'à gagner à l'importation qui accroît les ressources de la seigneurie et principalement à celle de l'alimentation pour laquelle tout ce qui vient du dehors est bien accueilli, malgré les protestations des intéressés, car l'approvisionnement du fief est très important dans ces temps de disette ».

infiniment supérieures à celles de l'homme, la dépréciation du travail humain s'augmente en raison de la valeur toujours croissante du travail mécanique.

Enfin, comme les hommes, même inutiles, continuent toujours à se multiplier et que l'offre de bras dépasse constamment la demande qu'on en fait, la propriété du travail humain n'a plus qu'une valeur d'entretien sans aucune valeur de concurrence, elle est à la disposition de tous comme l'air et la lumière, l'idée d'esclavage tombe d'elle-même et il s'ensuit que le citoyen de la république ne demande plus au gouvernement que de lui garantir la propriété des seuls instruments de production qui aient encore quelque valeur enviable ; à savoir la terre, les machines et toujours aussi, naturellement, leurs fruits.

L'esclavage, désormais inutile, est donc remplacé par le régime du salariat moderne, l'homme, dont la vie matérielle n'est pas assurée, est libre et cette liberté extérieure, analogue à celle du citoyen, l'a fait tout de suite confondre avec lui. Mais tandis que l'esclave, exclu de l'ordre politique, faisait partie de la société économique, le travailleur moderne appelé par erreur à faire partie de l'organisation politique peut toujours se trouver exclu de la société économique et cette situation nouvelle mérite qu'on s'y arrête car elle bouleverse profondément les habitudes anciennes et n'est point sans apporter quelque trouble dans les idées de notre temps. L'ancien esclave, abandonné sans ressources, devenant indépendant, on a confondu sa liberté avec celle du citoyen délivré de tout souci matériel et on lui a donné les mêmes droits politiques ; c'est ainsi que s'est établi le suffrage de plus en plus universel. Cette transformation eut marqué un immense progrès dans l'histoire de l'humanité si elle était résultée d'un changement matériel et n'était pas demeurée exclusivement théorique et nominale. Elle n'est, en réalité, qu'un desideratum, qu'un simple cadre à remplir. On ne s'est point avisé, en effet, d'une façon sérieuse, que dans toutes les républiques le citoyen avait été jusqu'alors un homme délivré de tout souci matériel et que l'attribution pure et simple des droits politiques ne saurait assurer les avantages matériels qu'ils devraient représenter. C'est ainsi que s'est discréditée petit à petit, en perdant son caractère, la fonction primitive du citoyen, celui-ci se trouvant noyé dans la masse des citoyens théoriques, et que ses attributions anciennes ont été déléguées de plus en plus au seul gouvernement disposant de la force commune et représentant, en fait, les seuls citoyens véritables, c'est-à-dire ceux qui possèdent et représentent matériellement le pays.

Enfin, à cette généralisation des droits politiques

entraînant leur discrédit et leur abandon entre les mains de quelques délégués, correspond une conception nouvelle de la liberté individuelle qui s'oppose à celle de la liberté antique. Tandis que celle-ci n'était autre que l'exercice même de la souveraineté, fonction singulièrement tyrannique et absorbant le citoyen dans l'Etat (1), la liberté moderne, quelque peu inspirée des idées individualistes chrétiennes, affirme l'existence d'un domaine privé qui ne saurait relever en quoi que ce soit de l'autorité sociale. « Si l'Inde, écrivait M. E. Laboulaye (2), n'est jamais sortie du régime des castes, si l'Orient arabe n'a pu échapper au despotisme, c'est que sa foi l'asser-

---

1. *Cf.* Benjamin Constant. *Cours de Polit. constit.*, t. II, p. 541. « .... Toutes les actions privées sont soumises à une surveillance sévère. Rien n'est accordé à l'indépendance individuelle, ni sous le rapport des opinions, ni sous celui de l'industrie, ni surtout sous le rapport de la religion...... Terpandre ne peut chez les Spartiates, ajouter une corde à sa lyre sans que les Ephores ne s'en offensent... Les lois règlent les mœurs et comme les mœurs tiennent à tout, il n'y a rien que les lois ne règlent. Ainsi chez les anciens, l'individu souverain dans les affaires publiques est esclave dans tous ses rapports privés..... Chez les modernes, au contraire, l'individu indépendant dans la vie privée, n'est même, dans les Etats les plus libres, souverain qu'en apparence. Sa souveraineté est restreinte, presque toujours suspendue et si, à des époques fixes mais rares durant lesquelles il est encore entouré de précautions et d'entraves, il exerce cette souveraineté ce n'est jamais que pour l'abdiquer ».

2. E. Laboulaye. *L'Etat et ses limites*, Paris, 1865. *La liberté...* pp. 112, 113.

vit, vous ne trouverez la liberté moderne que chez les chrétiens parce que le christianisme seul a séparé la religion de la politique et distingué le fidèle du citoyen. Sur quoi portait la lutte et comment se fait-il qu'à une époque de scepticisme universel les Romains très tolérants d'ailleurs pour toutes les superstitions, aient déclaré au christianisme une guerre à mort? Le discours de Mécène à Auguste, tel que le rapporte Dion Cassius (1), montre que, dès le premier jour et même avant le christianisme, les empereurs avaient senti qu'il leur fallait dominer l'âme humaine tout entière, la sécurité du despotisme est à ce prix. »

C'était, en effet, avant même la naissance du Christ que Mécène conseillait à Auguste de se méfier des novateurs étrangers, des religions nouvelles, des athées et, tout aussi bien des philosophes, or cela n'est point pour nous surprendre car si nous pouvons penser qu'en dehors de l'Eglise politique, l'idée chrétienne primitive a su considérablement

1. Dionis Casii. *Rom. hist.*, l. XXV, ex. G. Xylandri interpr. Excud. H. Stephanus, M. D. XCII. — L. : LII, f° 561. D. sqq. « Deos quoque semper et ubique ita cole ut moribus patriæ est receptum ad eundemque cultum alios compelle: peregrinarum vero religionum autores odio et suppliciis prosequere: non modo deûm gratia..., sed propterea etiam quod qui nova numina introducunt.... Itaque neque deorum contemptorem neque prestigiatorem ullum tolerabis.... Quod idem philosophiam quoque profitentes haud pauci faciunt : quos ipsos quoque cavere te jubeo ».

développer le nouveau domaine purement individuel, nous n'en avons pas moins vu, au début de cette étude, que dans tous les temps les philosophes s'étaient élevés contre la tyrannie matérielle de l'Etat politique et qu'au-dessus de l'émancipation de nos besoins physiques, réalisée par le citoyen, ils avaient toujours hautement réclamé l'émancipation intellectuelle des mêmes citoyens emprisonnés par l'Etat qu'ils avaient fondé.

Le gouvernement représentatif moderne, remplaçant l'ancien gouvernement à peu près direct des anciens, laisse donc toute liberté au citoyen véritable et cette émancipation au second degré, ne fait en définitive que réaliser le rêve des anciens philosophes, mais d'une façon plus pratique et plus conforme à notre nature, puisqu'elle laisse subsister l'émancipation élémentaire, celle des besoins physiques de notre corps.

Pour le citoyen ayant les moyens d'assurer sa sécurité matérielle, le régime de l'état moderne paraît donc réaliser définitivement l'idéal poursuivi de tout temps par l'humanité tout entière : la délivrance de nos besoins matériels et la libération de notre pensée.

Or, nous voyons qu'il n'est point heureux ; que lui manque-t-il donc ?

Que, d'une façon générale, le citoyen de la cité

antique n'ait jamais atteint au véritable bonheur, cela se conçoit.

En premier lieu, sa sécurité matérielle, bien que garantie en fait, demeurait artificiellement basée sur l'esclavage, c'est-à-dire sur la force et sur la contrainte et cela n'était point sans lui donner, sans doute, une perpétuelle et inquiétante sensation d'insécurité. Thucydide nous raconte que les Lacédémoniens étaient dans une perpétuelle appréhension au sujet des Hilotes (1) et que dans la ville qui, après Sparte possédait le plus d'esclaves : Chios, leur multitude nécessitait à leur égard un système de répression sévère (2).

Quant à sa liberté morale, nous avons vu qu'elle n'avait point été dégagée de l'idée de souveraineté et qu'on avait confondu la liberté d'agir sur le monde extérieur avec la liberté d'agir sur nous-mêmes comme nous l'entendons, la liberté de commander avec l'indépendance de la pensée. Seuls, quelques philosophes avaient entrevu la vérité, mais leur réaction, trop idéaliste, ne pouvait s'adapter aux nécessités du devenir.

Mais cette liberté de pensée semble acquise au citoyen moderne ; plus particulièrement dans notre pays, en raison de l'augmentation de la représentation de la richesse en argent qui rend l'individu

1. Thucydide. *Hist. de la g. du Pelop.* L. IV, ch. LXXX.
2. *Id.* L. VIII, ch. XL. — *Cf.* Athénée. VI, XXVIII.

plus anonyme dans l'Etat, de l'élargissement du droit de suffrage qui l'en désintéresse peu à peu et de la centralisation des pouvoirs publics qui éloigne toujours plus l'Etat du citoyen. On peut penser, en effet, que si l'Etat se montre tyrannique pour le citoyen dans les républiques antiques, c'est que celles-ci n'ont, le plus souvent, que les dimensions d'un de nos modernes départements, et, dans les pays modernes, comme les Etats-Unis où chaque province n'est guère plus un centre d'attraction qu'une autre province, nous voyons la tyrannie locale des mœurs grandir de jour en jour et devenir parfois, pour le citoyen, plus insupportable encore que celle d'un tyran, car elle est plus rapprochée, impersonnelle et multiple. Le développement du gouvernement local entraînant toujours plus ou moins la tyrannie locale, il en est sensiblement de même en Angleterre, bien que ce pays passe à juste titre pour avoir introduit le premier dans les rapports de l'individu et de l'Etat, la conception nouvelle de la liberté moderne.

Entre ces deux extrêmes également redoutables, la tyrannie d'un seul et la tyrannie de tous, notre pays semble se tenir dans un juste milieu et nous pouvons penser que le citoyen, assuré contre toute exigence matérielle, s'y trouve dans un état d'indépendance individuelle à peu près parfait. Or, comme il ne paraît pas heureux, c'est donc qu'il n'est pas sans inquiétude, lui aussi, comme le citoyen de la cité antique sur la sûreté de sa situation matérielle et son inquiétude semble encore mieux justifiée puisqu'il aurait doublement à perdre étant doublement libre.

Dès lors, bien que l'esclavage n'existe plus, nous en devons conclure que la situation de ceux qui travaillent pour satisfaire leurs besoins matériels et ceux des autres, est loin, même aujourd'hui, d'être rassurante et qu'il importe, dans l'intérêt de tous, d'y porter remède.

Et comme si véritablement les progrès de la classe élevée devaient toujours être compensés par quelque nouveau malheur de la classe pauvre, nous voyons, en examinant la question de plus près, qu'*à la double libération matérielle et morale de la première classe correspond aujourd'hui un double asservissement de la dernière, l'insécurité matérielle s'ajoutant désormais pour elle à son ancienne servitude morale.*

Et ce double saut en sens contraire, ce nouvel ordre social désintéressant toujours plus la classe élevée du rôle actif de citoyen et en excluant de fait, sinon de droit, la classe pauvre, en creusant toujours davantage le fossé qui sépare l'humanité en deux groupes ennemis, peut faire craindre dans l'avenir quelque rupture violente et rétrograde, ou tout au moins, pour le présent, un désaccord entravant gravement la marche du progrès.

Or, comme nous l'avons vu plus haut, si pour l'homme de loisir la conception moderne de la liberté semble de tout point préférable à celle qu'en avaient les anciens, on peut dire que pour le travailleur la possession des droits politiques ne lui est accordée que théoriquement, dépouillée de toute la valeur matérielle pratique qu'elle pouvait avoir pour les citoyens des républiques anciennes. Par contre, sa situation économique ne lui est désormais plus assurée et c'est tout justement pour cela que les considérations économiques tendent à prendre, à notre époque, une valeur inconnue jusqu'à présent.

En effet, nous avons dit précédemment que le travailleur moderne peut se trouver aujourd'hui exclu de la société économique, il conviendrait de nous arrêter quelque peu sur ce point.

De notre temps, de très grands esprits se sont élevés contre ce qu'ils appellent « l'esclavage moderne ». Sans aucun doute, ce point de vue ancien n'est pas à négliger, mais nous croyons qu'il ne saurait suffire à poser intégralement tous les termes du problème social contemporain. En effet avec le progrès scientifique qui paraît se développer à notre époque suivant une véritable proportion géométrique, le danger n'est pas tant pour le malheureux qui ne possède rien de se voir contraint à subir la loi d'un maître comme dans les temps anciens, mais plutôt de se voir écarter de plus en plus de l'organisation du monde moderne. La situation des ouvriers tend toujours à s'améliorer mais il est évident, quoi qu'on en dise, qu'avec le progrès leur nombre proportionnel se réduit toujours plus. Sans doute cette diminution se trouve actuellement compensée par une augmentation considérable de la production, de nouveaux besoins réels ou provoqués nécessitant toujours de nouveaux travaux pour les satisfaire, mais il ne faut pas se faire de trop grandes illusions sur cette augmentation de nos besoins matériels, elle n'est pas indéfinie comme on paraît le croire et véritablement la science n'aurait plus aucune raison d'être, si elle ne faisait qu'accroître perpétuellement le travail des hommes sans qu'ils en puissent tirer quelque loisir. Le travail pour le travail est un non-sens lorsqu'il s'applique à la libération des besoins matériels de notre corps.

Or, si de nos jours les besoins s'accroissent sans limites, c'est qu'ils sont toujours créés par ceux qui ne sont point chargés par leur travail de les satisfaire, tantôt comme consommateurs, tantôt comme capitalistes et que, pour un industriel, il vaut souvent mieux inventer un nouveau produit dont l'exploitation sera couverte par un brevet, que de concurrencer d'anciens producteurs solidement établis depuis longtemps.

Mais, d'une façon plus générale, si nous nous dégageons de ces considérations particulières, il paraît évident que le résultat essentiel du progrès scientifique doit être de diminuer toujours plus le nombre des ouvriers proportionnellement à la population totale, si l'on s'en tient à la façon moderne de diviser la société en citoyens ne travaillant pas du tout et en citoyens travaillant sans relâche, ou le nombre d'heures de travail pour chacun, si l'on admet une société où tout le monde travaille.

En exagérant les choses, comme si nous les examinions au microscope, sans en dénaturer les proportions, nous pourrions dire que l'idéal poursuivi par l'humanité serait de grouper pour son service toutes les forces naturelles en une seule machine sous la direction d'un seul ouvrier. Mais on ne comprendrait plus bien alors que cette machine appartint à un seul propriétaire, car le reste des hommes, délivré de tout travail et n'ayant rien à échanger, ou bien périrait dénué de tout, ou bien se verrait distribuer gratuitement tout ce dont il aurait besoin par l'unique producteur. Cette hypothèse qui, tout d'abord, paraît absurde, n'est simplement qu'exagérée. Sans doute, des milliers d'ouvriers seraient encore nécessaires pour le seul entretien de cette machine unique et tant soit peu utopique, mais fussent-ils encore aussi nombreux qu'ils le sont aujourd'hui pour la construction, la surveillance et l'entretien de toutes les machines, il n'en est pas moins vrai que la production d'utilité générale appartenant à quelques-uns et tendant à remplacer toujours plus le travail humain par le travail mécanique, n'intéresse plus tous les habitants du pays et que plusieurs d'entre eux s'en voient de jour en jour exclus, à mesure que le progrès scientifique s'accentue.

De là un résultat doublement fâcheux pour ceux d'abord qui, libérés du travail au rebours du citoyen antique, n'ont plus de moyens d'exister, pour le producteur enfin qui voit diminuer le nombre des consommateurs capables de lui acheter ses produits. C'est ainsi que nous voyons, pour le citoyen sans ressources, réclamer le droit au travail bien que le travail n'ait rien d'enviable par lui-même, tandis que les Athéniens ou les Romains réclamaient le droit au loisir et cela vient de ce que le mot citoyen n'a plus aujourd'hui la portée matérielle qu'il avait primitivement.

Nous avons vu plus haut ce qu'il faut entendre par « état politique »; c'était, à l'origine, l'association faite entre citoyens ayant les moyens d'assurer leur loisir dans le but d'en faire respecter la propriété les uns par les autres, par le reste de leur famille et par les étrangers. La société économique était constituée en dehors de l'état politique, à l'intérieur de la famille. Mais tout être humain se trouvait, en définitive, avoir une place : ayant une valeur lorsqu'il n'avait pas de pouvoir, étant esclave lorsqu'il n'était pas citoyen.

Aujourd'hui la situation se trouve profondément modifiée par le seul fait de la substitution progressive des machines artificielles aux machines humaines comme principaux agents de production. Tandis que l'Etat politique reste toujours ce qu'il était et ce qu'il doit être : une institution postérieure à l'ordre économique protégeant le loisir et en favorisant l'utilisation en vue du progrès, l'ordre économique, lui, fortement ébranlé par la disparition de la famille antique et quelque peu maintenu par la corporation, s'est entièrement déplacé depuis la création des premières manufactures et le développement subit de l'industrie moderne. Il s'est organisé, en dehors de l'homme, autour de la machine.

Avec le développement du machinisme scientifique, l'ouvrier libre, c'est-à-dire le plus souvent abandonné, doit se trouver contraint, dès aujourd'hui, ou dans un avenir quelconque, plus ou moins au chômage et lorsqu'il ne chôme pas, son travail ne lui assure ni la situation sociale définitive et sûre de l'esclave antique ni la possession possible du loisir qui caractérise le citoyen. En plus de l'esclave et du citoyen il n'a que l'espérance, le plus souvent illusoire, de pouvoir améliorer son sort.

L'organisation moderne de la société et de l'Etat

se trouve donc quelque peu faussée : l'ordre économique par l'insécurité possible des classes élevées et par l'insécurité assurée des classes inférieures, l'ordre politique par l'exclusion de fait des citoyens théoriques et l'abstention des citoyens véritables. Enfin le progrès général s'en trouve gravement compromis car, si véritablement il n'est jamais, comme nous le croyons très fermement, que la somme des progrès individuels, ceux-ci se trouvent universellement entravés : chez les pauvres par l'absence de tout loisir, chez les riches par l'impossibilité de jouir en toute tranquillité d'esprit de ce loisir, source unique de tout progrès. Or si nous pouvons croire qu'une pareille situation marque tout justement un état de transition sans précédent, dû au bouleversement scientifique de notre époque, cela nous avertit, tout en même temps, qu'elle ne saurait durer et qu'il vaudrait mieux pour les générations actuelles, en hâter le dénouement par simple évolution. Nous devons penser, en effet, que l'état social futur ne saurait logiquement se montrer inférieur à celui qui le précède et si nous constatons volontiers que l'heureux développement de la civilisation antique fut dû tout entier à une organisation matérielle stable, basée sur l'esclavage, nous n'en comprenons pas moins que l'esclavage est une institution inférieure, un expédient primitif destiné à ne jamais reparaître. Mais si les moyens pratiques par lesquels l'antiquité assurait sa sécurité matérielle nous paraissent mauvais, l'idée générale n'en est pas moins bonne et nous devons conserver de l'étude des anciens cette notion élémentaire et féconde du loisir assuré à tous les citoyens.

Or, aujourd'hui, nous l'avons vu : presque tout le monde est citoyen, mais pour nous qui ne saurions admettre la qualité du citoyen si elle n'est point accompagnée de la sécurité matérielle, il nous semble qu'ici, comme presque toujours, la volonté du législateur ne suffit point à réaliser en fait ses généreux désirs. L'ordre politique est né de l'ordre économique antérieurement constitué dans la famille, il s'est établi entre citoyens ayant déjà une base matérielle suffisante, or il semble que l'ordre des choses ait été interverti de nos jours et que l'on veuille abusivement déduire l'organisation économique d'un état politique antérieurement posé.

En fait, nous savons que rien ne s'est trouvé modifié. Les citoyens dénués de toute base matérielle continuent, en réalité, à ne pas influer sur les destinés de l'Etat politique et celui-ci, dirigé par les représentants des citoyens qui détiennent le pouvoir matériel, se constitue toujours en dehors d'eux. Et, de nos jours, cette situation ne fait que s'accentuer de plus en plus car, avec le progrès de la civilisation et l'idée moderne de la liberté, le gouvernement intervient toujours moins dans le domaine moral, pour borner sa protection aux seules réalités matérielles.

Enfin, comme la situation de la classe qui ne possède rien s'aggrave de jour en jour, en ce sens que ce n'est même plus le travail perpétuel qui la menace comme autrefois, ce qui n'était qu'un mal, mais bien le *non-travail* ou chômage qui, pour elle, est un danger de mort ; l'utilité de quelque réforme sociale apparaît nettement, de nos jours, aux esprits les moins prévenus. Et puisque la réforme accomplie dans l'ordre politique, par définition même, ne paraît pas, comme il fallait bien s'y attendre avoir donné aucun résultat pratique, il semble que ce soit dans l'ordre économique que nous devions la chercher.

Or, en pareille matière nous manquons de précédents et force nous est bien d'innover. L'organisation familiale antique, bonne lorsqu'il s'agissait de commander à des femmes des enfants ou des esclaves, ne serait plus de mise à notre époque. Seuls, la femme et l'enfant restent encore en dehors de la vie politique et semblent parfois avoir conservé leur place dans l'ancienne organisation économique, c'est-à-dire dans la famille, mais ce n'est là qu'une apparence puisque leur sécurité matérielle leur est assurée, au contraire d'autrefois, par le chef de famille ou sinon par eux-mêmes, ce qui introduit toujours plus l'individualisme dans la famille moderne.

C'est qu'en réalité, comme nous l'avons vu, la production n'est plus groupée dans la famille, l'homme est remplacé par la machine, aussi bien est-ce la machine qui semble devoir imposer la forme du nouveau groupement, et, la division du travail industriel dans le pays, remplace la division humaine du travail dans l'intérieur de la famille.

Le nouveau groupement économique doit-il donc s'étendre aussi bien en profondeur qu'en étendue ? Oui, si tout ce qui existe matériellement dans l'Etat si tout ce qui s'y fait, s'y pense ou bien s'y dit, fait partie du monde économique, ou s'y rapporte plus ou moins directement, non dans le cas contraire.

Oui, diront les matérialistes, puisque dans la création tout est homogène et que le monde ne saurait obéir à deux lois différentes. Et comme le monde économique, basé sur la science, doit tout absorber, de son établissement résulte, tout naturellement, l'anéantissement de l'ancien ordre politique, désormais inutile.

Non, diront les spiritualistes, puisqu'aux besoins matériels de notre corps, il faut savoir concilier les exigences spirituelles de notre âme. Reconstituons donc, lorsque cela sera possible, des groupements économiques hiérarchisés tels que la famille ou la corporation assurant la vie économique de leurs membres, mais laissons toute liberté d'initiative aux individus et conservons l'autorité supérieure de l'Etat politique protégeant les résultats acquis par le travail individuel sans intervenir en quoi que ce soit dans la production.

Malheureusement, comme l'histoire nous l'a suffisamment montré, l'antithèse spiritualiste ne fixe jamais très exactement les limites respectives d'action de l'âme et du corps, et suivant les époques ou l'impulsion du moment, l'ordre économique peut prendre une trop grande importance par rapport à l'ordre politique, ou inversement.

Enfin, dans la question qui nous occupe, le dualisme a une conséquence plus fâcheuse encore, c'est de consacrer définitivement la distinction substantielle affirmée déjà par Aristote, la dualité du monde et de Dieu, de la matière et de l'esprit et par là même, d'introduire les deux idées contraires de mal et de bien, de vie terrestre vouée à la souffrance et de vie future consacrée au repos éternel, et nous savons que cette distinction aboutit fatalement à la division de l'humanité en deux classes antagonistes, incarnant ces deux idées opposées, l'une chargée de tout le travail et l'autre ayant tout le loisir.

Aussi pensons-nous qu'à la thèse matérialiste purement scientifique et à l'antithèse spiritualiste, plus particulièrement théologique, il est permis d'opposer la thèse idéaliste, mieux en rapport, croyons-nous, avec les exigences de la philosophie.

Avec elle, nous suivrons la thèse matérialiste en ce sens que nous ne saurions admettre deux principes différents à la base de l'univers, mais nous nous en écarterons définitivement, aussi bien que de l'antithèse spiritualiste, en considérant la science comme un simple produit de notre esprit, comme une partie à laquelle il serait impossible de soumettre le tout et la matière comme une expression plutôt négative, exprimant le retard plus ou moins grand du progrès général.

Nous examinerons en premier lieu les solutions proposées par la thèse matérialiste.

CHAPITRE IV

DES LIMITES DE LA SCIENCE

Insuffisance de l'opportunisme spiritualiste en matière de progrès. — Insuffisance du matérialisme lié à la méthode scientifique. — L'idéalisme marque la tendance du progrès en affirmant la relativité actuelle des choses. — La conscience atteint seule le devenir. — Des limites de la sensation. — Exclusivisme injustifié de la méthode scientifique. — Etendue et durée. — Insuffisance de l'essai de conciliation atomistique. — Déterminisme et liberté. — Quantité et progrès. — Atomisme. — Monadisme. — De la subordination nécessaire de la science. — De l'extension progressive de la méthode scientifique dans l'étude des questions politiques et économiques. — L'atomisme et l'associationisme dans l'étude des sciences sociales. — De la valeur. — De l'organisme social. — Des limites de la science et des bases philosophiques du problème social.

Des trois solutions proposées du grand problème de la connaissance : matérialiste, idéaliste et spiritualiste, la dernière, nous venons de le dire, ne saurait véritablement fonder une métaphysique. Elle se présente plutôt comme une sorte de renoncement à vouloir sonder plus avant l'éternel mystère des choses et les deux principes qu'elle oppose, sans les concilier, ne peuvent être jamais qu'artificiellement réunis.

Ce n'est point, en effet, par un simple besoin d'élégance en matière méthodique que certains philosophes ont cru devoir affirmer, depuis les temps les plus anciens, l'unité substantielle des choses. Si nous nous en tenons, sans doute, aux données actuelles fournies par nos sens et par notre conscience, il nous semble bien que notre nature est double et que cette double façon de connaître, qui nous est propre, doit toujours demeurer parfaitement inconciliable et contradictoire (1). Mais, tout en même temps, la simple logique nous avertit que si cette conciliation nous échappe elle n'en est pas moins nécessaire puisqu'en réalité nous voyons qu'elle existe et que ne pas l'admettre serait nier la chose du monde dont nous sommes le plus sûrs, à savoir notre propre individualité, considérer notre être comme un véritable miracle et nous ren-

---

1. « .... voyez donc tout ce qu'il faut faire pour ramener la matière à l'esprit ou l'esprit à la matière : il faut prétendre que la sensation, la volition, la pensée, sont réductibles en dernière analyse, à la solidité, à l'étendue, à la figure, à la divisibilité, etc... ou que la solidité, l'étendue, la figure etc... sont réductibles à la pensée, à la volonté, à la sensation... » V. Cousin. *Phil de Locke*, Paris, 1873, pp. 382 sqq.

dre, par là, étrangers à nous-mêmes. Le spiritualisme, il est vrai, n'a jamais reculé devant une pareille inconséquence logique et plus particulièrement au cours des derniers siècles, mais il est douteux qu'une saine philosophie s'en puisse accommoder et nous croyons qu'il vaut mieux, avec le matérialisme ou l'idéalisme, rester incomplets que de vouloir, en devançant les progrès de l'esprit humain, achever de suite l'édifice en négligeant d'en assurer les assises. Enfin et surtout, si nous nous écartons du spiritualisme, ce n'est pas, encore une fois, que sa double théorie ne réponde pas exactement à la double idée que nous nous faisons du monde et de nous-mêmes, mais bien, tout justement, parce que ses conclusions en s'adaptant trop exactement à notre propre nature, en érigeant son imperfection actuelle en théorie définitive, ne sauraient lui fournir un motif d'action et de progrès. Car, quels que soient les empiétements du domaine de l'âme sur celui du corps ou de celui du corps sur celui de l'âme, ces déplacements n'ont aucune influence sur l'ensemble de la théorie dualiste qui reste toujours le même et les personnages ne font qu'évoluer dans le même cadre sans en changer les proportions.

Avec les théories qui n'admettent qu'un seul principe à la base de l'univers, il n'en est point ainsi ; nous avançons toujours vers l'inconnu en progressant sans cesse et le domaine de notre connaissance que nous laissons derrière nous s'élargit chaque jour davantage ; mais ce que l'on conçoit moins bien, au premier abord, c'est qu'il puisse exister simultanément deux théories différentes basées sur la même conception, deux théories antagonistes dont les termes sont cependant les mêmes, que l'on puisse opposer, en un mot, les théories idéalistes et matérialistes en place de les confondre. Les termes, en effet, n'ont aucune valeur par eux-mêmes et que l'on appelle l'unique substance : idée, force, mouvement ou matière, il n'y a là qu'une simple question de terminologie ne touchant en rien à la nature véritable de l'être.

Si donc l'opposition ne saurait venir des choses, c'est qu'elle ne repose, comme toujours, que sur une simple question de méthode. Il ne s'agit point, à proprement parler, de savoir si tout le monde est matière ou idée, la question n'ayant aucun sens par elle-même, mais bien de savoir si l'une des deux méthodes peut oui ou non se suffire à elle-même et nous donner la clef de tout l'univers. On se figure le plus souvent que la question se présente dans les termes suivants : l'idéaliste, dit-on, part de l'une des deux extrémités du chemin commun : de la conscience, le matérialiste de l'autre extrémité : de la science. Tous deux essaient d'avancer et prétendent que la route leur appartient mais tandis que l'idéaliste, dès les premiers pas, semble à bout de forces le matérialiste gagne toujours du terrain et la victoire lui demeure dès maintenant assurée.

Poser ainsi la question, c'est la résoudre par avance dans le sens matérialiste ; il serait sans doute plus exact de se représenter les deux théories contenues l'une dans l'autre, la science n'étant plus qu'un moyen transitoire de développement pour notre conscience, une façon relative d'envisager les choses qui, très certainement, ne pourra jamais se concilier avec l'absolu mais qui le prépare, non point partie par partie, ce qui serait incompréhensible, mais en en provoquant chaque jour l'amélioration qualitative. Il est injuste de toujours reprocher à la métaphysique de n'être que la simple affirmation, sans plus d'un moi conscient dont on ne saurait tirer aucun développement et de l'opposer à la science qui, avec ses perpétuels progrès, nous semble résumer, par contre, la civilisation tout entière. Il ne faut pas prendre, comme on le fait trop souvent, au pied de la lettre les affirmations des idéalistes, niant catégoriquement l'existence du monde physique et du domaine scientifique fourni par nos sens, mais il faut savoir les comprendre et ne pas les traiter avec légèreté de sophismes sans valeur. Lorsque l'immortel Zenon d'Elée établit l'impossibilité du mouvement contre l'empirisme ionien, il fit faire à l'esprit humain son premier pas vers l'idéal dans le chemin qui lui était réservé et fonda, par là même, la seule et véritable philosophie. Ce qu'il importait, en effet d'établir ce n'était point que nos sens nous révèlent l'existence du monde physique qui nous entoure, l'animal le plus inférieur est capable de le sentir comme nous, non, ce qu'il fallait nous montrer, c'est que les sens ne suffisant point à tout expliquer, ils ne sauraient représenter tout ce qui est en nous et que, par là même, ils ne doivent être que de simples effets partiels d'une cause supérieure et générale qui les dépasse et les enveloppe.

Il n'est point exact, en effet, de considérer le domaine encore inexploré par la science comme un simple pays destiné à être entièrement conquis par elle dans un avenir plus ou moins éloigné.

Sans doute, si nous croyons que le progrès ne se fait point par la science, il faut affirmer, par contre, qu'il dépend entièrement de son avancement. Non-seulement des régions qui nous paraissent aujourd'hui mystérieuses, mais des régions plus élevées encore, insoupçonnées à l'heure actuelle, seront un jour ou l'autre explorées par la science, mais ce que nous avançons simplement, c'est qu'il restera toujours un dernier point que la méthode scientifique, demain comme aujourd'hui, ni plus ni moins, ne saura jamais atteindre et que c'est de ce point doctrinal, si petit, si insignifiant en apparence, que doit toujours naître toute idée de mouvement, de qualité et par là même de progrès. Et comme en définitive, c'est de lui que nous viennent, tout en même temps, l'idée de changement et celle d'identité, c'est-à-dire la base même de toute notre connaissance il est naturel de le considérer comme la seule réalité tangible pour nous et véritable, et d'attribuer aux réalités scientifiques un caractère dérivé, transitoire et incomplet qui ne saurait suffire à nous les présenter comme un idéal définitivement digne de notre esprit. Mais il va de soi que ce centre de toute chose, ce point de départ de toute connaissance, qu'il soit appelé moi, Dieu (1) on conscience ne saurait se définir, bien que son existence soit de toute évidence et, qui plus est, de toute nécessité. Nous possédons l'unité en nous-mêmes, la conscience universelle et indivisible des choses, mais l'unité ne saurait se définir (2) car toute définition suppose « l'autre » et implique comparaison.

1. « Comme il y a disproportion et disparité entre l'objet divin de la religion et ses moyens d'expression, il sera toujours possible et nécessaire de distinguer dans toutes ses créations entre la forme et le fond, le corps et l'âme... Dans tout organisme vivant, en effet, il y a un principe de stabilité et un principe de mouvement. » A SABATIER. *Esquisse d'une philosophie de la religion*. Paris, 1898, p. 400. Cette opposition de nature entre deux substances, entre le corps et l'âme, affirmée par les spiritualistes, n'est autre, pour les idéalistes, que la forme primitive de la distinction entre les méthodes scientifiques et philosophiques.

2. « On peut, dit Shopenhauer, faire abstraction de toute connaissance spéciale et arriver ainsi à la proposition « je

Il n'en est pas moins très important de constater une fois pour toutes, que ce principe existe, particulièrement, comme nous le verrons plus loin dans l'application que l'on peut faire de cette constatation à l'étude des questions sociales.

En toute chose, il faut en effet reconnaître l'existence nécessaire d'un antécédent et d'un conséquent d'une cause et d'un effet, d'un créateur et d'une créature. Pour les spiritualistes le créateur est Dieu en ce qui concerne le monde et plus particulièrement l'âme à l'égard du corps. Par les matérialistes, le créateur n'est jamais représenté que par l'ensemble des conditions antécédentes dont le groupement forme un nouveau rapport conséquent, si l'on peut dire, de lui-même et représentant la créature. Pour les idéalistes, la créature est une simple manifestation sans réalité véritable de l'idée créatrice éter-

connais » qui est la dernière abstraction dont nous soyons capables mais cette proposition est identique avec cette autre : « Il existe des objets pour moi » et cette dernière est identique avec celle-ci « je suis sujet » laquelle ne renferme autre chose que le simple *moi. Quadruple racine...* (p. 217). Notre moi est complètement inconnaissable ; nous ne pouvons le développer dans aucune définition, découvrir en lui aucun attribut, en rien dire si ce n'est *que c'est moi* ; et pourtant il n'y a rien de plus clair pour nous que notre *moi* rien de plus immédiat et libre de toute faute, rien de plus réel. Il est inaccessible à la définition parce qu'il n'y a rien de plus certain que lui et que rien donc ne peut servir pour le définir. *Il s'oppose à tous les phénomènes.* » ABRAMOWSKI. *Bases psych. de la sociol. Rev. internat. de sociologie*, 1897, p. 590.

nelle et unique qui cherche à se réaliser. Et d'une façon moins rigoureuse, mais plus facile à saisir, nous dirons que, pour l'idéaliste, l'esprit humain se doit considérer au point de vue méthodique sous un double aspect distinct : le créateur, c'est-à-dire le principe véritable de toute vie et de toute connaissance qui est en nous, unique source de tout progrès qualitatif dans le temps et la créature essentiellement changeante et transitoire c'est-à-dire notre corps au point de vue biologique et notre méthode scientifique au point de vue de la marche des idées. C'est ainsi que d'un côté, l'élément stable, créateur, se trouve représenté par ce que nous appelons, suivant les cas, le temps, le mouvement, la vie, la qualité, l'art ou la philosophie, de l'autre l'élément transitoire et crée, par l'espace, le nombre, l'atome, la quantité, l'expérience ou la science.

D'après la thèse idéaliste, il n'y aurait donc point lieu de distinguer radicalement la philosophie de la science, mais bien au contraire de ne considérer celle-ci que comme une dépendance immédiate, un simple moyen provisoire de connaître de la première.

Les défenseurs de la science positive n'admettent en effet que ce qui tombe sous le témoignage direct des sens, pour eux ce témoignage semble exclure tout autre façon de connaître, et les moins informés ajoutent volontiers que seule la réalité du monde extérieur présente à leurs yeux quelque valeur.

Et, tout d'abord, il est à peine besoin de faire remarquer ce que tout le monde sait : à savoir que nos sens ne sont évidemment pas le monde extérieur et que si nous devons penser que leur témoignage, résulte, le plus souvent, d'une sollicitation extérieure, en-dehors de toute hallucination ou de toute autre cause d'erreur personnelle, il n'en est pas moins vrai que ce témoignage ne peut nous parvenir que dans les limites de ce sens, directement ou par les moyens d'informations détournés que découvre la science.

Pour prendre une comparaison, si nous doublons toujours les battements d'un pendule battant originairement la seconde dans l'air, nous obtenons la série suivante : 2 vibrations au premier degré, 4 au second, 8 au troisième etc....

Au cinquième seulement, à 32 vibrations, c'est le son que nous rencontrons tout d'abord et c'est sous cette forme que nous percevons les vibrations jusqu'au quinzième degré avec 32.768 vibrations par seconde, puis elles nous échappent pendant un long espace de temps, sauf au trentième degré où nous constatons leur existence sous le nom d'électricité dans un milieu évidemment plus subtil que l'air et que nous désignons sous le nom d'éther. Puis, vers le quarante-neuvième degré, la lumière apparaît de 400 trillions de vibrations par seconde produisant le rouge extrême, à 756 trillions, donnant le violet extrême, elle est précédée du spectre invisible calorifique, seize fois déjà plus étendu dans sa partie explorée que le spectre visible, et suivie du spectre invisible chimique, deux fois déjà plus étendu. Après, nous ne savons encore plus rien. Puis, enfin, après le cinquante-huitième degré, ce sont les rayons X. que l'on trouvera vraisemblablement, là où les vibrations vont de 288230376151711744 à 230584300921369352 vibrations par seconde ou même plus (1).

Nos sens sont donc fort éloignés de nous donner une représentation complète du monde extérieur et de nombreuses vibrations, probablement très importantes pour la marche générale de l'univers et peut-être connues de certains autres animaux, nous échappent complètement. Mais la question principale n'est point encore là. Bien que cette idée soit fort logique, peu de personnes arrivent à se faire une idée approximative de ce que doit-être l'univers par lui-même en dehors de toute coloration fournie par nos sens. Pour s'en tenir à la seule théorie vibratoire, il faudrait se figurer l'univers tel qu'il doit être en dehors de nous : radicalement

---

1. *Cf.* C. Flammarion. *L'inconnu*, Paris, 1900, pp. 21 sqq.

muet et *obscur*, uniquement composé peut-être de vibrations plus ou moins intenses, si l'on admet que même les corps appelés par nous solides ne sont qu'un agrégat d'atomes en vibration. Une pareille idée du monde n'est point sans doute familière à ceux qui s'appuient constamment sur sa réalité visible et tangible et cela vaut mieux, sans doute ainsi.

Ce qu'il importe en effet de remarquer avant toute chose au point de vue qui nous occupe, c'est que si le monde extérieur existe selon toute probabilité en dehors de nous, sa représentation incomplète, en nous, nous appartient en propre et ne peut être créée qu'à notre image. C'est une erreur chronologique qui nous porte, le plus souvent, à supposer, par exemple, ce que nous appelons « la lumière » comme antérieur au sens de la vue et le créant petit à petit en agissant sur un animal primitif encore aveugle. Sans doute, il y avait dans le monde ce que faute de mieux nous appellerons des séries de vibrations de 400 à 756 trillons à la seconde, parfois subies par cet animal primitif. Mais si, finalement, il a su les distinguer des autres vibrations, ce n'a point été certes en les comptant dans l'espace, mais en s'en faisant une idée qualitative distincte dans le temps, idée que nous appelons « la lumière ».

Et si nous pouvons penser que cette idée qualitative a été provoquée par une cause étrangère, il n'en est pas moins vrai que nous ne la pouvons concevoir que par analogie avec notre propre individualité et qu'en définitive au « Nihil est in intellectu quin prius fuerit in sensu » de l'école, il faut bien toujours ajouter le « Nisi ipse intellectus » de Leibnitz.

C'est donc plutôt comme création de notre intelligence que comme manifestation du monde extérieur qu'il est intéressant de considérer nos sensations. Sans doute la vérité une et universelle, qui est en nous, ne se réveille qu'autant que nous nous en donnons la peine et on peut dire, en ce sens, que rien ne vient que de nos sensations (1), c'est-à-dire de ce mélange de notre travail sur la nature et de la nature sur nous, mais au point de vue méthodique il importe avant tout de constater la priorité de notre intelligence qui seule rend possible notre sensation car c'est sur cette question de priorité, bientôt transformée en exclusivisme absolu, que se base toute divergence entre la théorie matérialiste et la théorie idéaliste.

Mais tandis que, pour les idéalistes, la subordination de la science à notre intelligence ne tend qu'à

---

1. *Cf.* Evellin. *Possibil. d'une méthode. Rev. Phil.* 1889, n° 7 p. 15. *Cf.* A. Fouillée. *L'avenir de la métaphys. Rev. Phil.* 1890, n° 12, p. 648. « Toute expérience se ramène en définitive à une certaine conscience que nous avons, à une expérience intérieure ».

maintenir notre liberté individuelle contre les prétentions de la science à l'empire universel des idées et des choses, pour les matérialistes, la solution consiste, non plus seulement à considérer la théorie opposée comme une nécessité provisoire qu'il faut encore maintenir, mais bien à la supprimer radicalement. Car, tandis que, pour l'idéaliste, l'intelligence loin de repousser la science doit la revendiquer comme une de ses manifestations et se l'approprier, pour le matérialiste, au contraire, la science ne peut considérer la métaphysique — que comme une expression négative désignant le domaine encore inexploré qu'elle doit éclairer tôt ou tard, mais qui ne saurait exister même provisoirement, pour elle. Et ce renversement de point de vue subordonnant le générateur à son produit, le créateur à sa création, la cause à l'effet subséquent, ou plutôt supprimant en fait tout ordre de succession, paraît insuffisant à dégager jamais l'idée véritable de progrès, indispensable à toute question de réforme sociale. Et certes, cette impuissance radicale de la science n'est point faite pour nous étonner si nous songeons que le progrès n'est jamais qu'un changement qualitatif dans le temps, tandis que la science ne peut être jamais qu'un exposé quantitatif dans l'espace; mais elle n'est point non plus sans discréditer singulièrement toutes les théories sociales exclusivement basées sur la science si véritablement celle-ci exclut de ses recherches ce qui devrait en faire le principal objet.

« Ces deux éléments, nous dit M. Bergson (1), étendue et durée, la science les dissocie quand elle entreprend l'étude approfondie des choses extérieures..... elle ne retient de la durée que la simultanéité et du mouvement lui-même que la position du mobile c'est-à-dire l'immobilité. La dissociation s'opère ici très nettement et au profit de l'espace.

Il faudra donc l'opérer encore mais au profit de la durée quand on étudiera les phénomènes internes ; non pas les phénomènes internes à l'état achevé, sans doute, ni après que l'intelligence discursive pour s'en rendre compte les a séparés et déroulés dans un milieu homogène, mais les phénomènes internes en voie de formation et en tant que constituant par leur pénétration mutuelle le développement continu d'une personne libre. La durée ainsi rendue à sa pureté originelle, apparaîtra comme une multiplicité toute qualitative, une hétérogénéité absolue d'éléments qui viennent se fondre les uns dans les autres.

Or, c'est pour avoir négligé d'opérer cette dissociation nécessaire que les uns ont été conduits à nier la liberté, les autres à la définir et par là même, involontairement à la nier encore ».

1. BERGSON. *Essai sur les données immédiates de la conscience.* Paris Alcan, 1889. p. 174.

Mais il faut bien le rappeler, cette dissociation, essentielle au point de vue méthodique, ne peut jamais se rencontrer en fait dans la réalité actuelle de notre connaissance et dès qu'il s'agit d'adapter le mieux possible des réformes aux nécessités sociales, la métaphysique seule, aussi bien que la science seule, demeure impuissante ou incomplète. C'est ainsi que nous avons vu au début de cette étude les réactions idéalistes dirigées contre un ordre matérialiste exagéré, demeurer toujours sans portée pratique.

Mais la réaction exclusivement matérialiste paraît encore plus dangereuse car si le matérialiste ne peut pas plus, en fait, supprimer l'ordre idéaliste que l'idéaliste écarter actuellement l'ordre matériel, il lui suffit toutefois de ne pas progresser pour se dispenser de toute tendance idéaliste, tandis que l'idéalisme représente, au contraire, un progrès exagéré et par là même stérile.

En écartant même toute idée de progrès, il n'est point difficile de voir cependant que le matérialisme ne peut se suffire à lui-même et que la science ne saurait exister un seul instant sans une intelligence capable de la créer, de la diriger et dont elle n'est en définitive, qu'un simple mode d'action adapté aux contingences actuelles.

Et cette nécessité d'une idée générale qualitative antérieure et indispensable à la compréhension même de toute quantité, se retrouve précisément dans la science tout entière sous forme d'hypothèse atomique.

« La science, comme le fait très justement remarquer M. Hannequin, n'est que la moitié de l'œuvre de l'esprit ; elle introduit après nous dans l'être, avec le nombre, des déterminations statiques, qui nous le font saisir dans son repos, dans sa nécessité ; mais pour remonter jusqu'à l'activité, cette essence de l'être, et jusqu'à la spontanéité cette raison dernière de la nécessité, pour retrouver, en un mot, les déterminations dynamiques de l'être agissant et changeant, l'esprit doit demander à la causalité le complément de l'œuvre de la quantité. Et, à la fin, l'atome ce concept mathématique qui n'avait, dans l'espace et le temps, qu'une existence relative nous conduira peut-être au-dessus de l'espace et au-dessus du temps, à l'unité d'un être qui sans cesse se fait et s'achève soi-même en projetant dans la durée l'ombre de son action déterminante et créatrice et dans l'étendue l'ombre des résultats réalisés, fixés, déjà passés et comme déjà morts. Ainsi s'évanouissent le continu et avec lui l'atome, à mesure qu'on s'élève vers les activités et les unités véritables dont ils ne sont que le reflet, vers les monades et les esprits (1) ».

1. A. Hannequin. *Essai critique sur l'hypothèse des atomes dans la science contemporaine.* Paris Alcan, 1899, p. 20. *Cf.* p. 12 :

Mais sur l'hypothèse atomique il importe, avant tout, de s'entendre. En l'approfondissant quelque peu, on ne tarde pas à comprendre, en effet, que l'atome n'est, après tout, qu'un simple mirage, une projection au-dehors de notre propre personnalité, qu'il ne saurait se comprendre autrement que comme une réprésentation exacte de notre connaissance et qu'en définitive, l'atome n'est autre chose dans le principe que nous mêmes (2).

N'est-il point en effet un esssai de conciliation entre le relatif et l'absolu entre le discontinu et le continu, l'homogène et l'hétérogène, de ce double sentiment, en un mot, que nous avons de nous-mêmes, d'un infini conscient, d'une part, dont le progrès ne saurait en aucune façon se mesurer mathématiquement et d'autre part d'une individualité propre qui fait que nous ne saurions jamais confondre le moi et le non-moi.

« Ainsi la science affirme dans les phénomènes l'universalité du mouvement mais ne comprend le mouvement qu'en brisant par le nombre sa continuité. Or triompher du continu par la quantité discrète, mettre le nombre et l'unité dans l'étendue mobile n'est-ce point imposer à la géométrie l'unité dans l'étendue mobile, et à la mécanique l'unité tout à la fois inerte et dynamique du mobile et de la masse ? N'est-ce point d'un seul mot consacrer l'existence de l'atome si bien que la synthèse du mécanisme qui demande une explication et du pythagorisme qui s'efforce de la donner n'est autre chose, en fin de compte, que l'atomisme. »

2. Voir TARDE. *Categ. log. et inst. soc. Rev. Phil.*, 1889, n° 8, p. 123.

Et de même que notre personnalité semble réunir en nous et concilier à notre égard *l'infini-individuel* et le *fini-social*, l'atome n'est jamais qu'un reflet de ce double état de notre conscience projeté par nous au-dehors à titre d'hypothèse sans doute, mais d'hypothèse qui ne peut être que bien fondée.

Car, si nous devons penser, en bonne logique, comme nous l'avons dit précédemment que nous ne pouvons nous faire une idée du monde que d'après notre propre personnalité et que le fait même, pour nous, de comprendre l'existence du monde extérieur suffit à nous montrer que sa nature est identique à la nôtre, il faut en conclure que nous ne pouvons connaître le monde ni plus ni moins que nous-mêmes et que, par conséquent, notre façon de le connaître reposant sur la seule hypothèse atomique, l'idée que nous pouvons avoir de l'atome ne peut-être différente de celle que nous avons actuellement de nous.

Or, nous savons que dans les conditions actuelles de notre existence la double idée de notre personnalité reste contradictoire et, jusqu'à présent du moins, parfaitement inconciliable. Car, si d'une part nous sentons bien que l'obscure profondeur subconsciente de notre moi s'étend autour de nous à l'infini et si, d'autre part, notre personnalité actuelle reste toujours un fini individuel que nous sentons éminemment relatif et transitoire, nous restons comme indécis entre ces deux termes, et placés à mi-chemin entre l'infini par nature même indéfinissable et le défini forcément incomplet, nous ne parvenons jamais à nous saisir d'une façon suffisante.

Et, sans doute, nous devons penser que cet état inférieur est la condition même de toute activité et de tout progrès, car dès que l'unité se réalise dans un panthéisme absolu, elle devient pour nous indiscernable et comparable au néant.

Dans l'atome comme dans nous-mêmes, il reste donc toujours un fond véritable, qualitatif qui ne saurait se soumettre à l'analyse scientifique de la quantité, mais il subsiste tout en même temps un élément actuel quantitatif qui sert de base aux constructions scientifiques.

L'erreur de la thèse matérialiste est de penser qu'elle peut retrancher l'élément qualitatif pour ne plus conserver que l'élément mathématique, croyant débarrasser ainsi la connaissance de tout inconnu insoluble mais la dépouillant en fait de toute réalité véritable. Appliquée aux questions économiques, cette façon de faire donne chaque jour les plus fâcheux résultats. Petit à petit, l'habitude se prend de tout ramener à la seule conception quantitative, l'on se figure pouvoir reconstruire la société de toutes pièces sur un nouveau plan dressé par avance et la conception déterministe ne tarde pas à remplacer définitivement celle de la liberté.

« On appelle liberté, écrit M. Bergson (1), le rapport du moi concret à l'acte qu'il accomplit. Ce rapport est indéfinissable, précisément parce que nous sommes libres. On analyse, en effet, une chose mais non pas un progrès ; on décompose de l'étendue mais non pas de la durée. Ou bien, si l'on s'obstine à analyser quand même, on transforme inconsciemment le progrès en chose et la durée en étendue. Par cela seul qu'on prétend décomposer le temps concret, on en déroule les moments dans l'espace homogène ; à la place du fait s'accomplissant, on met le fait accompli et comme on a commencé par figer, en quelque sorte, l'activité du moi on voit la spontanéité se résoudre en inertie et la liberté en nécessité. C'est pourquoi, toute définition de la liberté donnera raison au déterminisme... En résumé toute demande d'éclaircissement en ce qui concerne la liberté revient sans qu'on s'en doute à la question suivante : « le temps peut-il se représenter adéquatement par de l'espace ? » A quoi nous répondons ; oui, s'il s'agit du temps écoulé ; non, si vous parlez du temps qui s'écoule (2). Or, l'acte libre se produit dans le temps qui s'écoule et non pas dans le temps écoulé.

1. *Op. cit.*, pp. 167, 168.
2. Cf. HANNEQUIN. *Op. cit.*, pp. 402, 403.

La liberté est donc un fait et parmi les faits que l'on constate, il n'en est pas de plus clair. Toutes les difficultés du problème et le problème lui-même naissent de ce que l'on veut trouver à la durée les mêmes attributs qu'à l'étendue ; interpréter, une succession par une simultanéité et rendre l'idée de liberté dans une langue où elle est évidemment intraduisible ».

Le déterminisme est donc à la liberté ce que la science est à la philosophie, ou si l'on veut encore, ce que la quantité est à la qualité l'homogène à l'hétérogène et, dans le mouvement, l'espace parcouru à l'acte par lequel on le parcourt. Vouloir tout réduire par la méthode scientifique, c'est donc essentiellement nier toute idée de liberté, croire que l'on peut prévoir le progrès et déterminer un fait de conscience à venir alors que « dans la région des faits psychologiques profonds, il n'y a pas de différence sensible entre prévoir, voir et agir » (1). Mais en construisant le monde avec la

1. BERGSON. *Op. cit.*, p. 151. *Cf.* p. 150 : « Toute prévision est en réalité une vision et cette vision s'opère quand on peut réduire de plus en plus un intervalle de temps futur en conservant les rapports de ses parties entre elles, ainsi qu'il arrive pour les prédictions astronomiques. Mais qu'est-ce que réduire un intervalle de temps, sinon évider ou appauvrir les états de conscience qui s'y succèdent ? Et la possibilité même de voir en raccourci une période astronomique n'implique-t-elle pas ainsi l'impossibilité de modifier de la même manière une série psychologique, puisque c'est seule-

seule quantité on ne tarde pas à perdre tout point de repère, tout idée générale de direction et on se condamne à ne plus retrouver que la simultanéité indéfiniment identique dans l'espace là où il faudrait patiemment suivre le progrès dans la pure durée. Et cette impuissance doit se retrouver fatalement dans tout essai de construction fragmentaire du continu par le nombre.

Dans sa cinquante neuvième lettre à une princesse d'Allemagne, le mécaniste Euler qui, du reste, ne put jamais comprendre l'idée leibnitzienne, rapportant l'opinion de ses adversaires les monadistes wolffiens, écrivait. « ...Ils disent que la divisibilité à l'infini est une chimère des géomètres et qu'elle implique des contradictions ouvertes car si chaque corps est divisible à l'infini, il contiendrait une infinité de parties, les plus petits corps aussi bien que les grands ; le nombre de ces particules auxquelles la divisibilité à l'infini doit conduire, c'est-à-dire des particules dernières dont les corps sont composés, sera donc aussi grand dans le plus petit corps que

---

ment en prenant cette série psychologique comme base invariable qu'on pourra faire varier arbitrairement, quant à l'unité de durée une période astronomique ? Lors donc qu'on demande si une action future pourrait être prévue, on identifie inconsciemment le temps dont il est question dans les sciences exactes et qui se réduit à un nombre, avec la durée réelle dont l'apparente quantité est véritablement une qualité et qu'on ne saurait raccourcir d'un instant sans modifier la nature des faits qui la remplissent.

dans le plus grand, ce nombre étant dans l'un et dans l'autre infini et de là les partisans des monades se flattent que leur argument devient invincible. Car si le nombre des dernières particules dont deux corps sont composés est le même de part et d'autre, il faut bien, disent-ils que les corps soient parfaitement égaux entre eux ».

Sans doute cet argument n'est point « invincible » car il suffit, pour le repousser, de remarquer que l'idée de « division à l'infini » s'oppose à celle de « dernières particules », qu'en un mot, il n'est point possible de concilier l'infini et le défini et que la division se poursuivant toujours, nous n'en pouvons jamais saisir le résultat, mais alors nous voici rejetés en pleine mer sans pouvoir espérer, comme Leibnitz, rentrer jamais dans le port : ces particules de matière impénétrable et étendue que le mécanicien et l'analyste nous présentaient comme devant suffire à construire le monde avec la seule quantité, nous les voyons nous échapper dès que nous voulons les saisir et se réfugier dans l'idée contraire d'infini.

Or, l'idée d'infini ne saurait être relative et numérique ; admettre un infini c'est admettre, du même coup, « tout autre infini » s'il nous est permis d'employer une expression aussi contradictoire, car l'idée d'infini se confond avec la notion panthéiste d'unité qui ne relève en rien de la simple quantité.

C'est ainsi que la divisibilité à l'infini ne fait que compromettre définitivement l'idée de particule impénétrable et distincte, sans parvenir à la sauver, tant il est vrai que l'atome n'est jamais, en somme, que le reflet de notre double nature individuelle incapable de se retrouver dans le nombre sans invoquer primitivement l'idée fondamentale d'un absolu qualitatif.

Et cette impuissance de l'atome simplement mécanique à retrouver la réalité se marque si bien dans toutes les démarches de la science que nous le voyons toujours, pour devenir intelligible, s'adjoindre une idée qualitative dont il ne saurait se passer. Ainsi voyons-nous l'atome être tout à la fois divisible et indivisible, élastique et impénétrable et qu'en définitive un atome d'oxygène, par exemple, n'est autre que l'oxygène tout entier tel que nous le connaissons qualitativement, avec ses propriétés.

Mais qu'on ne s'y trompe pas, l'atome, même ainsi composé à notre image, ne sait nous fournir autre chose que ce que nous savons actuellement de nous-mêmes ; il ne peut jamais nous donner, dans l'avenir, qu'un mirage du présent.

En effet, si renonçant même à la nécessité apparente d'une division à l'infini, nous admettons, avec les matérialistes, que le monde est composé d'un certain nombre d'atomes dont les seules combinaisons ou rapports de position donnent naissance à tous les phénomènes naturels, comme par définition même nous devons supposer ces atomes parfaitement indivisibles et indestructibles, il nous faudra penser qu'ils n'ont pu être créés pas plus qu'ils ne peuvent être détruits. Dès lors voici l'infini qui de nouveau se pose nécessairement dans les termes du problème et les conséquences critiques de son introduction ne vont pas tarder à se faire sentir.

Car, supposer des atomes incréés, ayant toujours existé, contenant en eux tout principe de force et de mouvement et se combinant perpétuellement pour former tous les phénomènes naturels, c'est du même coup supposer que non-seulement toutes les combinaisons d'atomes actuelles, ont dû forcément se présenter antérieurement déjà dans l'infini du temps mais encore que toutes les combinaisons d'atomes possibles se sont déjà produites une infinité de fois dans l'infini du temps passé, c'est non seulement supposer que moi, écrivant ces lignes, je me suis déjà trouvé dans le passé un nombre infini de fois dans la même situation, mais encore que quelque pensée que j'aie en ce moment, quelque ligne que je sois sur le point d'écrire, cette pensée ou cette phrase, non seulement ne sera pas nouvelle, mais que la combinaison d'atomes dont elle sera formée aura dû nécessairement se produire déjà et se produira un nombre infini de fois dans l'avenir.

Or, il est sensible qu'une pareille conception ne

saurait se concilier aisément avec notre raison et qu'il nous est impossible d'admettre que le progrès qualitatif se puisse ainsi recommencer perpétuellement au gré du perpétuel recommencement des combinaisons numériques. Nous voyons qu'une série de chiffres peut, à volonté, se lire dans un sens ou dans l'autre, car en fait, il ne s'agit plus jamais que d'une série actuellement déroulée dans l'espace et non pas de temps véritable, mais nous concevons invinciblement qu'il ne peut en être de même pour la durée réelle et que le devenir ne se recommence pas.

Ainsi donc, le déterminisme que nous écartions tout à l'heure essaye à nouveau de s'affirmer en démontrant que si véritablement il ne nous est pas possible de prévoir et de connaître l'avenir, cet avenir n'en est pas moins marqué déjà dans le passé que nos actes, dès lors, n'ont plus rien de véritablement spontané, qu'en un mot, ils ne sont jamais libres. Mais il est facile de montrer que, du même coup, le déterminisme s'anéantit définitivement car de deux choses l'une : ou nous admettons l'existence, d'un nombre infini d'atomes et par là-même d'un infini de combinaisons possibles ce qui équivaut, en fin de compte, à la liberté, ou bien nous devons supposer que le nombre des atomes n'est point illimité, mais alors cette hypothèse d'un fini d'étendue dans un infini de durée nous ramène directement à notre propre personnalité et à l'exacte figuration de notre connaissance.

Car, en définitive, que serait cette construction du monde si ce n'est l'histoire même du monde actuellement réalisée, projetée dans le passé, tout aussi bien que dans le devenir, à l'infini? Les atomes en nombre limité épuisant toujours la même série de combinaisons dans un ordre inévitable, l'histoire ne ferait jamais, en somme, que se recommencer toujours identique à elle-même et cette absurdité logique suffit à nous montrer l'impuissance radicale de la science en présence du devenir. Ce n'est point, certes, en se représentant le progrès par un cercle qu'elle en réussira jamais la quadrature.

Enfin, l'idée même de limiter, en quelque sorte, le nombre des atomes en arrêtant la divisibilité à l'infini, nous conduit à limiter l'étendue, ce qui est absurde si nous considérons l'espace comme une réalité distincte des substances immatérielles.

En conséquence, il nous faut donc, semble-t-il, remplacer définitivement l'idée d'atome par celle de monade et considérer, avec Leibnitz, l'espace comme « résultant des substances bien loin d'y préexister (1) ». Mais avec le monadisme si d'un

1. *Cf.* Leibnitz. *La monadologie.* Ed. Boutroux, Paris, 1881. Note p. 58 : « L'espace et le temps résultent donc des substances bien loin d'y préexister, de même que d'une manière

côté nous retrouvons encore une certaine trace de construction matérialiste en ce sens que la monade se distingue des autres monades et se laisse saisir, en quelque sorte, dans un monde homogène à la façon d'un atome ; la tendance idéaliste l'emporte à ce point qu'elle dépasse la pensée même de **Leibnitz** pour nous conduire tout droit au panthéisme de Spinosa.

En effet, si Leibnitz en rendant à la matière la vie que Descartes en avait exclue et en plaçant toute impulsion dans des unités substantielles semble un instant jeter les premiers fondements du matérialisme scientifique contemporain, il ne s'en écarte pas moins radicalement en repoussant pour les monades l'infini numérique des combinaisons externes que nous reprochions à l'atome, car la monade étant créée par Dieu et ne faisant jamais que dérouler ses qualités internes, le mirage déterministe ne saurait se produire pour elle. Mais qu'on ne s'y trompe pas : par leur vie et leur évolution en Dieu, les monades portent en elles l'infini ; car bien qu'à la différence de Spinosa, Leibnitz n'admette l'action de la puissance divine sur les créatures

générale, la quantité et l'uniformité résultent de la qualité et du distingué. Mais en vertu de la nature même des substances et de leurs rapports entre elles, l'espace et le temps ne sont pas la collection pure et simple des lieux et des moments individuels ; ils sont un ordre déterminé et fixe de coexistence et de succession lequel se ramène en dernière analyse à l'ordre logique lui-même ».

qu'autant que Dieu sort de l'absolu pour entrer dans le fini, il n'en est pas moins vrai que Dieu se trouve être à la fois et contradictoirement monade en particulier et monade centrale, situation qui ressemble toujours singulièrement à celle de notre propre nature consciente.

Et comme, d'une part, Dieu seul reste actif et tout puissant au fond de l'infinité de monades qu'il a créées, que d'autre part la matière que l'on s'imagine figurée, mobile et divisible n'est jamais qu'une illusion des sens, qu'une pure apparence des êtres; que l'espace, coordination des existences possibles, n'est plus qu'un produit de notre imagination, dès lors le monde matériel n'est plus autre chose qu'un point de vue de l'âme et les différences quantitatives ne peuvent plus se fonder que sur des différences qualitatives ; car chaque monade ayant chacune au dedans une nature analogue à celle de l'âme humaine, en chacune cette nature a des déterminations qui lui sont propres « car les Monades étant sans qualités seraient indistinguables l'une de l'autre, puisqu'aussi bien elles ne diffèrent point en quantité : et par conséquent le plein étant supposé, chaque lieu ne recevrait toujours dans le mouvement que l'équivalent de ce qu'il avait eu et un état des choses serait *indiscernable* de l'autre (1) ». Mais

1. Leibniz. *Monadologie,* § 9. *Cf.* Ed. Erdmann-Berolini, 1839-40.

ne considérer ainsi que les seules qualités, en supprimant de la donnée les termes numériques identiques, n'est-ce point préparer ainsi l'exclusive domination de l'absolu, tendre à réunir toutes les qualités en un seul Dieu, monade centrale qui comprend intimement toutes choses parce qu'elles lui sont immédiatement présentes, et définitivement absorber le fini dans l'infini ou plutôt retrouver l'immortelle doctrine de Spinosa en n'envisageant jamais le fini que dans l'infini.

La monade nous conduit donc au panthéisme idéaliste à l'opposé du matérialisme atomistique, elle nous oblige, par ailleurs, à « confesser que la perception, et ce qui en dépend, est *inexplicable par des raisons* mécaniques, c'est-à-dire par les figures et par les mouvements (1) » et elle nous confirme dans cette opinion que la science quantitative ne peut jamais être que subordonnée à l'élément qualitatif qui est en nous et dont elle dérive.

Mais il faut bien le rappeler, cette subordination de la science n'est point sa négation, bien au contraire, et si nous devons sans doute pour atteindre la réalité, ne jamais considérer le fini que dans l'infini, cela ne signifie point que nous puissions actuellement encore négliger le fini, tout illusoire et symbolique qu'il soit. Les idéalistes les plus convaincus n'ont jamais cru pouvoir vivre en dehors de leur

---

1. LEIBNIZ. *Monadologie*, § 17.

siècle. Zenon d'Elée fut un modèle héroïque de toutes les vertus politiques et Berkeley ne négligea pas, étant malade, d'écrire gravement deux volumes sur les vertus de l'eau de goudron. Mais contre les prétentions exagérées de la science, il importe de rappeler, une fois pour toutes, les réalités fondamentales de notre connaissance et d'établir les limites infranchissables du nombre en face de la durée. Car si, par un côté, le nombre « est certainement le seul moyen pour la raison de pénétrer le continu, de le déterminer, en partie tout au moins et en partie aussi de le comprendre..... par un autre côté, l'arithmétique s'épuiserait en vain à poursuivre le continu, à parcourir, pour l'atteindre, tous les degrés de ses séries, à combler l'intervalle, quelque infiniment petit qu'on le suppose, qui les sépare toujours du dernier terme inaccessible, à construire avec l'unité, cette synthèse décevante toujours plus riche que nos nombres et toujours plus complexe que leurs combinaisons ! — Que conclure de là, sinon que l'analyse arithmétique de la grandeur tout indispensable qu'elle soit, ne comporte jamais une rigueur absolue? et que dire de l'atomisme dont elle est le principe caché, sinon qu'il est nécessaire comme elle, mais que, comme elle aussi, il n'est jamais qu'une approximation et qu'il s'en faut toujours de quelque chose qu'il saisisse, dans leur plénitude, l'essence et la nature de son objet ? » (1).

Deux termes, actuellement inconciliables, restent donc toujours en présence : l'étendue et la durée ou dans le sujet qui nous occupe : la science sociale et la liberté individuelle.

Sans doute, nous ne pensons pas qu'il faille considérer cette opposition comme radicale et substantielle et la thèse idéaliste est mieux faite pour nous satisfaire. Nous constatons de plus, dans la pratique, que la science ne saurait se fonder sans prendre pour base une hypothèse qualitative et que si, d'autre part, la durée reste inaccessible à l'analyse, elle n'en trouve pas moins nécessairement son symbole dans les sciences (2). Et cette alliance perpé-

1. Hannequin. *Essai crit. s. l'hyp. des atomes*, p. 15. *Cf.*, pp. 42, 43, 44.
2. « Il faut que nous percevions dans la diversité même des phénomènes une unité qui les enchaîne ; et puisque les phénomènes sont une diversité dans le temps et dans l'espace, il faut que cette unité soit celle d'une diversité dans le temps et dans l'espace. Or, une diversité dans le temps est une diversité d'états et la seule unité qui puisse se concilier avec cette diversité est la continuité d'un changement dont chaque phase ne diffère de la précédente que par la place même qu'elle occupe dans le temps. Mais une diversité dans le temps et dans l'espace est une diversité d'états et de positions tout ensemble ; et l'unité de cette double diversité ne peut être qu'un changement continu et uniforme. Tous les phénomènes sont donc des mouvements ou plutôt un mouvement unique qui se poursuit autant que possible dans la même

tuelle de deux termes opposés n'est point sujette à nous étonner puisqu'elle ne fait, en définitive, que représenter exactement celle qui se produit en nous.

Mais si, dans toute construction scientifique, nous devons exiger la présence nécessaire d'une hypothèse qualitative et si, par contre, notre personnalité libre ne peut se développer qu'autant qu'il lui est permis de fixer les résultats de sa pensée dans l'étendue, il n'en est pas moins vrai que ces deux éléments, le progrès individuel qualitatif d'une part et l'organisation scientifique et sociale de l'autre, se sauraient jamais se confondre et se réduire l'un à l'autre.

Et c'est sans doute pour avoir trop cherché à opérer cette réduction au profit de la science que les théories économiques ou sociales demeurent encore actuellement plongées dans une inquiétante incertitude qui ne fait que s'accroître avec les progrès de la science alors que ces progrès devraient tout au contraire, nous en avons l'absolue conviction

direction et avec la même vitesse. (G. NOEL. *La philosophie de M. Lachelier*, p. 230, sqq. *Rev. Metaphy.* 1898). « Sans la notion qui rive tout d'abord un élément de la durée qui s'écoule à l'élément d'une droite parcourue, nous manquerions en effet toujours d'un terme fixe auquel nous puissions comparer des mouvements quelconques ; en d'autres termes, sans le concept du mouvement rectiligne uniforme, il n'y aurait pas plus de mécanique que sans la droite il n'y aurait de géomètrie (HANNEQUIN, *op. cit.*, p. 83).

nous apporter toujours plus de sécurité et de bonheur.

L'origine de ce mouvement remonte aux théories générales du xviiie siècle affirmées par Helvétius et d'Holbach, qui ne firent que continuer le développement de l'idée matérialiste commencé dans l'antiquité par les atomistes Démocrite, Leucippe, Epicure et Lucrèce, repris chez les modernes par Copernic, Jordano Bruno, Bacon, Descartes, Gassendi et son élève Hobbes et qui se développèrent parallèlement aux doctrines de Condillac, de Cabanis et de Destutt de Tracy. « Il est évident, disait Helvétius, que s'il ne restait plus de découvertes à faire en aucun genre, alors tout serait science et l'esprit serait impossible : on aurait remonté jusqu'aux premiers principes des choses... Alors, de tous les matériaux de la politique et de la législation, c'est-à-dire de toutes les histoires, on aurait extrait par exemple le petit nombre de principes qui, propres à maintenir entre les hommes le plus d'égalité possible, donneraient un jour naissance à la meilleure forme de gouvernement. Il en serait de même de la physique et généralement de toutes les sciences. Alors l'esprit humain, épars dans une infinité d'ouvrages divers, serait, par une main habile, concentré dans un petit volume de principes ; à peu près comme les esprits des fleurs qui couvrent de vastes plaines, sont, par l'art du chimiste, facilement concentrés dans un vase d'essence » (1).

Mais tandis qu'en politique la doctrine scientifique devait se fondre plus ou moins en vues généreuses, humanitaires et toujours quelque peu littéraires, elle ne pouvait manquer, par contre, de conserver toute sa rigueur en économie politique. Car, nous l'avons vu précédemment, l'ordre politique ne fait jamais que reconnaître et protéger les droits acquis par l'ensemble des citoyens et ce rôle, tout empirique, se prête mal aux déterminations de la science. Noble et généreux si les citoyens le sont, avare et tyrannique dans d'autre cas, le gouvernement ne fait que réfléter l'état d'esprit de ses mandants. La Révolution française fut exclusivement politique, c'est-à-dire accomplie par la bourgeoisie ; à l'abri de tout besoin matériel, elle n'eut donc, en réalité, rien de scientifique (2). Il n'en saurait être

1. *De l'esprit.* Disc. IV, ch. III. Paris, 1758, p. 501.
2. Les ateliers publics qui fonctionnèrent à Paris pendant la Révolution ne furent jamais que des institutions de charité c'est-à-dire de sécurité publique n'ayant aucun rapport avec une organisation quelconque du travail et de l'ordre économique. Au surplus leur création remontait au mois de décembre 1788, à la suite de la destruction des récoltes par la grêle désastreuse du 13 juillet précédent et sur la requête de l'administration municipale de Paris, le directeur général des finances, conformément aux instructions de Louis XVI, en avait ordonné la formation. En réalité ce n'était qu'une mesure de police et de sécurité prise par l'ordre politique analogue

de même dans l'ordre économique. Personnifiant l'organisation chargée de satisfaire à nos besoins matériels, il est de nature essentiellement scientifi-

à celles qui furent prises de tout temps depuis les Pharaons jusqu'en 1848 De celle-ci pas plus que des autres nous n'avons à nous occuper dès qu'il s'agit d'une réforme véritable de d'ordre économique ; toutefois, comme le résultat de ces mesures de charité semble devoir rester toujours le même, nous citerons seulement à titre d'exemple ces quelques lignes adressées au début de 1791 par M. Smith comptable général des ateliers à M. Dufresne directeur du Trésor pour se justifier des 170.000 livres dépensées pour les ateliers en une seule semaine : « Voici au détail près, disait-il, les motifs de l'énormité des dépenses dont vous vous étonnez avec tant de raison : L'augmentation successive des ouvriers admis aux ateliers de secours sans que l'on exige d'eux aucune espèce de travail et *dont une grande partie ne se présente que le samedi* pour recevoir le salaire qu'elle n'a pas mérité, le nombre effrayant de cette multitude, attirée par la fainéantise et son impunité, montant à présent à près de 27.000 individus ; le payement des inspecteurs, des chefs, des contrôleurs, des inspecteurs généraux celui de plus de 30 commis, montant le tout à environ 40.000 livres par mois, l'acquittement du prix des camions, brouettes et autres outils ; enfin monsieur, les dilapidations causées par les nombreux abus..., etc. ». Voir pour tout ce qui concerne les ateliers de charité pour hommes et ceux de filature pour les femmes. A. TUETEY. *L'assistance publique à Paris pendant la Révolution*, Paris, 1895 (ville de Paris), t. I, introduction et t. II, p. 106 et du même auteur *Répertoire général des sources manuscrites de l'histoire de Paris pend. la Révol.* aux tables alphabétiques (ville de Paris, 1890-19..). En 1848, les ateliers nationaux furent suivant Lamartine « non pas un système, mais un malheur » et d'après M. Garnier Pagès : « Un expédient loyal pour offrir à la population ouvrière un salaire et du pain » on sait que leur dissolution, reconnue nécessaire, fut faite d'un seul coup par que et si le xviiie siècle et la Révolution négligèrent d'en envisager la réforme, ce fut, tout d'abord sans doute, que le machinisme n'avait pas encore mûri la question ouvrière, mais surtout que la même science qui, de nos jours, tend à vouloir organiser l'ordre économique d'une façon trop exclusive, le considéra d'une façon beaucoup trop ambitieuse et trop large. Et c'est ce caractère d'ambition démesurée que prit alors la science économique qui souvent a fait croire que les économistes du xviiie siècle furent des philosophes, alors qu'en réalité ils écartèrent toute métaphysique pour se réclamer uniquement de la seule méthode scientifique. Mais tandis qu'aujourd'hui le matérialisme scientifique prétend construire avec sa seule méthode bien définie, la société tout entière et le monde, et nie tout autre moyen de connaître et de progresser, les économistes du xviiie siècle prirent les données générales et immédiates de notre conscience pour des lois scientifiques. En conséquence ils crurent à des lois naturelles, mathématiques, préexistantes et immuables qu'ils s'efforcèrent de retrouver et qui devaient ren-

M. de Falloux ce qui entraîna les terribles journées de Juin. Dans les autres villes que Paris, la dissolution mieux conduite n'entraîna pas de désordres. Voy. GARNIER PAGÈS. *Hist. de la Révol. de 1848.* E. THOMAS. *Histoire des ateliers nationaux* (1848). Les principales institutions du même genre se retrouvent: à Athènes, sous Périclès, en 1454 à Reims. Puis ce sont en France les édits de 1545, 1685, 1699, 1709, 1786, 1788.

dre compte, croyaient-ils, du monde entier, physique aussi bien que moral.

C'est ainsi que si d'une part la science contemporaine se trouve être dans le vrai en ce que, se basant sur l'hypothèse évolutionniste, elle cherche l'idéal dans l'avenir et non plus dans le passé, la science des premiers économistes contemporains, fausse en ce qu'elle tend à s'attribuer un domaine individuel qui ne lui appartient pas, se trouve être dans le vrai en reconnaissant implicitement l'existence de ce domaine que nie plutôt la science moderne. Mais cette reconnaissance ne devait pas tarder à lui être fatale, car si la conscience peut aisément s'accomoder du voisinage de la science qu'elle ne considère jamais que comme un utile et docile instrument d'analyse qu'elle s'est créée, par contre, la science, en voulant renverser l'ordre naturel et s'incorporer la philosophie, ne manque point en réalité de se placer tout aussitôt sous sa domination et de perdre ainsi toute valeur propre.

L'invention quasi-miraculeuse du tableau économique de Quesnay fut le point de départ de la nouvelle méthode scientifique et l'enthousiasme qu'il suscita, ne fut pas sans laisser une empreinte ineffaçable dans toute l'histoire de l'économie politique « L'avantage, disait Le Trosne, qu'a la science économique telle qu'elle se présente aujourd'hui sur les notions que les hommes ont eues jusqu'ici de l'ordre social, c'est qu'elle applique l'évidence physique au gouvernement des sociétés ; c'est qu'elle appuie les préceptes tirés de la morale et du raisonnement sur des faits constants dont nos sensations nous attestent l'existence, sur les lois incontestables de la nature et qu'elle élève sur cette base physique une suite de déductions évidentes par la certitude des principes et la justesse des conséquences (1) ».

Avec Adam Smith et Ricardo, ce double aspect contradictoire de l'économie politique, scientifique d'une part mais de l'autre essentiellement métaphysique, ne tarda pas à se préciser et comme en science nous avons vu que ce double caractère se trouvait personnifié dans l'atome, en économie politique nous le voyons se dessiner de plus en plus nettement et trouver son équivalent dans la théorie parfaitement insoluble et contradictoire de la va-

---

1. Le Trosne. *De l'ordre social.* Disc. VIII. Paris, 1777, p. 318. *Cf.* note p. 320 : « Le calcul est une formule par laquelle on opère sur des quantités mesurables et comparables entre lesquelles on cherche à découvrir un rapport quelconque. Le résultat présente l'inconnue qu'on cherchait et que l'on aurait eu beaucoup de peine à découvrir sans cette formule. La science économique s'exerçant sur des objets mesurables est susceptible d'être une science exacte et d'être soumise au calcul. Il lui fallait une formule particulière qui fut propre à son usage et qui serve d'appui aux preuves tirées du raisonnement. Cette formule est le tableau économique, invention aussi importante qu'ingénieuse.....»

leur. En effet, l'économie politique est, en quelque sorte, une science tant qu'elle se borne à étudier le phénomène de l'échange en constatant ce qu'Adam Smith appelle les prix du marché, qui s'établissent en marchandant et en débattant « d'après cette grosse équité qui, sans être fort exacte, l'est bien assez pour le train des affaires communes de la vie (1) ». Mais elle tend à devenir une métaphysique dès qu'elle prétend établir le prix réel des choses et trouver la mesure générale de la valeur échangeable car, en réalité, le marché reste toujours un système clos où se rencontrent les seules marchandises, abstraction faite de toute provenance et de toute origine. Dire avec Smith et Ricardo que le travail est la source de toute valeur en échange, ou avec Karl Marx (2) que c'est le temps de travail nécessaire moyen, ou, comme on l'a fait plus récemment, qu'en réalité la valeur en échange est la rémunération d'un service dont la mesure est l'effort

---

1. A. SMITH. *Recherches sur la nat. et les c. de la richesse des nations*, Paris, 1843, p. 40. Liv. I, ch. V.

2. « Par un contraste des plus criants avec la grossièreté du corps de la marchandise il n'est pas un atome de matière qui pénètre dans sa valeur. On peut donc tourner et retourner à volonté une marchandise prise à part ; en tant qu'objet de valeur, elle reste insaisissable. Si l'on se souvient cependant que les valeurs des marchandises n'ont qu'une réalité purement sociale qu'elles se l'acquièrent qu'en tant qu'elles sont des expressions de la même unité sociale, du travail humain........ » KARL MARX. *Le capital*, trad. J. Roy, ch. I, § 3, p. 18, col. 2.

épargné à l'acquéreur du produit (1), cela revient toujours à faire intervenir tout aussitôt un élément purement subjectif dans une question essentiellement objective. En réalité, la science ne peut que constater un échange une fois qu'il se trouve accompli et en quelque sorte matérialisé, mais elle ne saurait en déterminer par avance l'équation d'une façon rigoureuse car si nous savons qu'un élément qualitatif ne peut trouver qu'un symbole dans un développement quantitatif dans l'espace, à l'inverse, on ne saurait jamais, d'un élément mathématique, déduire la pure qualité, c'est-à-dire le progrès. L'échange résulte de la libre détermination des personnes libres, il ne saurait être déterminé, par avance, d'une façon scientifique.

Condillac disait que, dans tout échange, les deux parties gagnaient parce que chacune d'elles obtient l'objet qui lui convient le mieux ; c'est ainsi que s'établissent les échanges entre explorateurs et sauvages, les premiers échangeant des objets pour nous sans valeur, ou même nuisibles, contre des matières pour nous précieuses que leur livrent les indigènes. Certains émaux de Bernard Palissy servirent longtemps dans une cour de ferme, la valeur marchande d'une pyramide d'Egypte ne compenserait point, sans doute, le travail qu'elle a

1. P. Cauwès. *Cours d'Ec. Pol.*, t. I, § 192. Paris, 1893, p. 308.

coûté et les héritiers de Jean de Witt furent tellement surpris de voir Spinoza leur renvoyer le titre de pension auquel il avait droit, qu'ils le supplièrent d'accepter ce qu'ils lui avaient tout d'abord contesté. En réalité, toute valeur en échange n'est, au fond, qu'une valeur d'usage proposée contre une autre valeur d'usage ou sa représentation provisoire en argent et la valeur d'usage ne repose jamais que sur une idée morale toujours nouvelle et toujours changeante.

Dans une petite ville d'Apulie, Horace raconte qu'il y fallait payer la plus commune des choses, l'eau (1), mais nous savons aussi que certaines personnes, disposant de tout le luxe qu'il soit possible d'imaginer, peuvent fort bien se laisser volontairement mourir de faim. C'est que la valeur que l'on attache aux choses dépend essentiellement de circonstances morales, et le travail qu'il fallut faire pour mettre en valeur un objet, qu'il soit considérable ou presque nul, disparaît dès qu'il s'y trouve incorporé. « Le travail, dans le monde physique, n'est utilisé que pour mettre les objets en mouvement. Les propriétés de la matière, les lois naturelles font le reste. Le génie, l'adresse de l'homme consistent à découvrir des mouvements, des forces

---

1. HORACE. *Sat.* L. 1. V.

pratiques et qui puissent concourir aux effets qu'il veut obtenir (1) ».

Mais que le travail les ait antérieurement améliorées ou parfois détériorées, les choses n'en sont pas moins, en fait, données telles quelles sur le marché et l'échange doit rester pour le savant un phénomène purement objectif. Au strict point de vue économique, il n'y a donc qu'une valeur courante réglée par l'offre et la demande, mais il est bien évident que dans un régime de concurrence le jeu ne s'en trouve jamais complètement livré au hasard, qu'inévitablement il doit s'établir un niveau commun des valeurs que l'on peut appeler une valeur sociale. L'erreur des économistes est de vouloir faire de cette *moyenne* une *réalité* alors qu'il est évident, qu'en fait, une moyenne indispensable pour le calcul ne saurait jamais comporter de valeur réelle, et en cela semblent-ils s'inspirer de ceux qui, jugeant l'hypothèse atomique utile et nécessaire, croient pouvoir désormais la considérer comme la réalité même et construire la qualité au moyen d'un groupement purement quantitatif.

Si donc nous voulons atteindre la réalité, ce ne sera point dans un groupement artificiel et scientifique, pas plus que dans une personne morale, que nous pourrons la trouver mais bien en nous, car au

1. John Stuart Mill. *Principes d'économie politique*, L. I, ch. I.

fond de la science économique il ne saurait y avoir d'autre réalité substantielle que celle de notre propre individu. Au point de vue scientifique, il ne peut donc y avoir, à proprement parler, de véritable valeur normale, car la valeur normale ne peut être qu'une qualité échappant à toute science, mais il n'en est pas moins vrai, qu'ici comme ailleurs, l'existence d'un fond qualitatif s'impose et nier la valeur normale en économie politique, c'est tout en même temps affirmer l'existence parallèle et nécessaire d'un point de vue subjectif. Mais tandis que dans les autres sciences la qualité n'est jamais que symbolique et objective, elle prend ici toute sa valeur en devenant directement active et consciente. En effet, les qualités que nous attribuons aux choses ne sont jamais que l'impression qu'elles nous font et que nous projetons dans l'espace immobile, c'est ainsi que nous attribuons les qualités que nous nommons lumière ou son, à des phénomènes d'un certain ordre mais ces qualités demeurent pour nous essentiellement immuables, à tel point que si tous les mouvements de la nature doublaient en même temps de vitesse, nous ne pourrions plus attribuer la même idée qualitative à chacun d'eux. Mais pour nous, il n'en est pas ainsi ; nous restons identiques à nous-mêmes dans notre propre devenir et dès l'instant que nous considérons la qualité des choses par rapport à nous-mêmes, cette qualité se trouve dans un perpétuel changement, toujours actuelle et jamais définitive.

Ainsi donc, tandis que la qualité, dans les autres sciences, paraît être un reflet du monde extérieur perçu au travers de nous-mêmes, en science économique, elle paraît être, au contraire, un reflet de notre propre nature sur le monde extérieur et comme notre nature morale est essentiellement changeante, comme elle est, en somme, la source de tout progrès, elle ne saurait être réduite par la seule méthode scientifique et la valeur qu'elle attribue aux choses pas plus qu'elle.

Si donc nous devons trouver quelque part une valeur normale, c'est en nous seulement que nous pouvons l'atteindre. Mais elle s'y confond avec la conscience que nous avons de l'identité continue de notre moi dans le temps, au travers du perpétuel changement qualitatif qui se développe en nous à l'occasion du monde extérieur. Et comme cette idée n'est, au fond, que celle de l'identité de l'être et de la pensée, développée par Fichte et Hégel et mieux encore de l'identité du tout, affirmée par Spinosa, il s'en suit que, pour nous, le plus ou moins de valeur relative d'une chose ne s'établit que suivant que cette chose se rapproche plus ou moins de la valeur absolue ou normale que nous nous sommes fixée pour idéal. Nous pouvons donc, tout aussi bien, reconnaître une valeur dans une pensée ou dans un objet qui ne saurait être dans le commerce et si nous attribuons une valeur aux choses qui s'y trouvent, ce n'est jamais que suivant que ces choses peuvent assurer notre progrès qualitatif soit en nous libérant des soucis matériels, soit en nous procurant des jouissances plus élevées, soit en représentant les moyens d'atteindre plus tard ces deux buts.

Mais cette idée de la valeur, absolument universelle et panthéiste, bien que sociale par excellence au point de vue idéaliste, ne saurait intervenir au point de vue scientifique dans une construction quantitative et homogène et cela tient sans doute à ce que la science ne doit point comporter, en réalité, de pareille construction.

Cependant nous voyons, depuis le XVIIIe siècle jusqu'à nos jours, la science économique s'efforcer non seulement de sortir toujours plus de son domaine pour s'incorporer les sciences voisines sous le nom de sciences annexes, mais essayer encore de déduire le domaine moral par la méthode scientifique. Et cet effort vient du sentiment très net que nous avons de ne pouvoir atteindre le progrès en dehors de notre conscience. Mais comme, d'autre part, nous savons que nous ne pouvons que *vivre* le progrès et non pas le *prévoir*, il s'ensuit évidemment qu'il faut renoncer à rechercher des lois naturelles supérieures et antérieures à nous-mêmes, puisque ces lois ne peuvent s'établir que lorsque nous les avons vécues.

L'erreur des premiers économistes ne fut donc pas d'affirmer la nécessité de la liberté individuelle mais bien de croire que cette notion, toute négative et qualitative, au point de vue de la science, pouvait se formuler en lois scientifiques. C'est ainsi qu'involontairement ils firent de la mauvaise science avec la bonne philosophie et que les lois qu'ils crurent établir scientifiquement ne furent jamais que de simples affirmations *a priori*, du reste parfaitement légitimes au moment où elles furent émises.

Mais la science, devenant plus rigoureuse au cours du siècle dernier, sa domination ainsi établie en économie politique sur des bases trop larges d'illusoire qu'elle était tout d'abord, est devenue intolérable et trop étroite et c'est ainsi que la liberté des économistes s'est vue remplacée par l'autoritarisme des socialistes.

Or, il faut bien le reconnaître, de ces deux écoles la plus logique paraît être l'école socialiste, car c'est elle qui cherche le mieux à appliquer la véritable science contemporaine aux recherches sociales, alors que l'économie politique classique, tout en se réclamant elle aussi de la science, semble chercher ses prétendues lois immuables et préexistantes, d'une façon plus philosophique que rigoureusement scientifique. Et certes le seul résultat général de ces deux doctrines, dont l'une est issue de l'autre, suffit à nous montrer de quel côté doit être la véritable science, puisque l'une aboutit à la conception philosophique de liberté et l'autre au déterminisme scientifique. Mais du même coup en voulant trop demander à la science il semble bien que le socialisme l'ait par là même exténuée et ce résultat, pour négatif qu'il soit, est d'un précieux enseignement philosophique.

La science, en effet, comme nous l'avons vu, se base sur l'idée d'étendue et sur celle du nombre. Mais, se trouvant toujours bien forcée de tenir compte pour retrouver la réalité de ce qu'elle ne saurait atteindre, elle se fonde le plus généralement sur l'idée d'atome pour donner une base symbolique à ses recherches.

C'est dans l'hypothèse atomique que se fondent toutes les contradictions à l'exemple de ce qui se passe dans notre propre esprit. Dans l'*unité* atomique sont renfermées les idées de force, de durée, de changement, en un mot toutes les idées qualitatives, pour donner quelque réalité à ses raisonnements. C'est ainsi qu'en mathématique l'idée d'unité finie se complète par celle d'infini, qu'en géométrie une simple courbe est une qualité irréductible par le nombre et, en mécanique, la force ou le mouvement (1).

1. La géométrie poursuit sans cesse dans la différentielle

Or la science peut utiliser l'hypothèse atomique de deux façons différentes, dans deux directions opposées : soit en essayant de poursuivre toujours plus avant la réduction de l'infini et du continu par le fini et le discontinu, soit en supposant l'élément primitif atteint et en n'examinant que les individualités nouvelles formées par ses combinaisons. C'est ainsi qu'en science économique se dessinent deux courants bien distincts et que parallèlement à une sociologie en quelque sorte différentielle, nous trouvons une sociologie intégrale. Mais il faut bien le dire, si la science de l'économie politique pure, uniquement objective, basée sur des phénomènes et des choses extérieures, nous paraît éminemment féconde et légitimement établie à l'égard des autres sciences, la Sociologie, par contre, nous paraît faire fausse route en voulant soumettre à la science le

et l'élément infinitésimal la détermination de l'indéterminé ; en mécanique l'analyse des corps considérés seulement comme mobiles et comme masses, conduit à concevoir des masses élémentaires dont la synthèse finale est chargée d'intégrer les mouvements incessants. Enfin, si frappante que soit la supériorité des théories physiques qu'elles doivent aux méthodes infinitésimales sur les purs rapprochements et juxtapositions de l'atomisne chimique, il ne faut pas oublier la loi qui oblige l'analyse ou à ne rien tirer d'unités absolues, masses indivisibles qui seraient à la fois le point du géomètre et l'unité abstraite de l'arithméticien ou à porter toujours dans l'élément poursuivi la synthèse et le tout qu'il s'agit d'expliquer. *Cf.* Hannequin. *Op. cit.* passim.

domaine subjectif qui ne saurait jamais lui appartenir.

La double tentative qu'elle a faite en ce sens paraît nous le montrer définitivement. En premier lieu, dans le sens des recherches en quelque sorte atomiques, nous la voyons se heurter définitivement à la théorie radicalement insoluble de la valeur.

En effet, pour construire la société et donner un fondement à un nouvel ordre de choses, il s'agissait de trouver un lien entre les matériaux scientifiques de l'économique : phénomènes sociaux, marchandises ou richesses, et l'élément subjectif de l'homme par lequel se détermine en somme tout progrès ; il fallait, en un mot, comme toujours trouver un lien théorique mais stable entre le continu et le discontinu, essayer une fois encore la réduction du mouvement par le nombre et soumettre plus spécialement notre activité libre à la direction de lois scientifiques, générales et immuables.

Or, ce passage entre l'objectif et le subjectif, la Sociologie n'est point parvenue à le déterminer et de cela nous ne devons pas nous étonner. Dans les autres sciences, en effet, l'hypothèse atomique, infiniment subtile ou grossière suivant les cas, peut à la rigueur suffire à emprisonner l'idée qualitative dans celle du nombre.

C'est ainsi que, dans l'hypothèse atomique la plus grossière, mais suffisante pour le sujet qui nous occupe, en chimie, l'idée générale et qualitative d'oxygène sera atomiquement réduite par le nombre. Cette recherche d'une caractéristique générale servant de base à la science, la Sociologie, essaye mais en vain de la poursuivre pour son propre compte dans la théorie de la valeur. Primitivement, l'idée subjective de valeur s'est ajoutée à l'idée objective de marchandise mais, à la différence de ce qui se passe dans les autres sciences, sans aucun résultat pratique.

Et ceci pour une raison très simple, c'est que dans les autres sciences la qualité que nous attribuons aux choses n'est pour ainsi dire qu'une qualité objective immuable, cette qualité étant jugée par nous, non point sur le rapport qui s'établit entre nous et l'objet, mais entre l'objet et d'autres objets. La valeur, au contraire, représente la qualité de cet objet par rapport à nous-mêmes et vient en quelque sorte ajouter une qualité purement subjective à la qualité normale et plutôt objective que nous attribuons aux choses. Car si toute qualité reste toujours, à dire vrai, purement subjective il ne faut point confondre, cependant, l'impression désintéressée qu'un objet fait en nous et le changement qualitatif qu'un objet peut opérer en nous ; autre chose est de considérer, par exemple, la qualité oxygène dans un objet ou de considérer la qualité oxygène opérant sur notre corps comme médicament. Le premier cas se retrouve dans toutes les sciences de la nature : nous attribuons une *qualité* fixe à des phénomènes déterminés ; le second appartient à la science des richesses : nous attribuons une valeur variable aux objets et cette valeur n'est plus que *notre propre qualité* générale et individuelle, variant à l'occasion des phénomènes extérieurs (1). Et la valeur n'étant que *nous* dans les objets, il va de soi que, du même coup, elle échappe à la science puisque notre qualité réelle est, non pas fixe (2) mais dans un état de perpétuel devenir, puisqu'il n'est pas de science du continu et du progrès, puisque la valeur ne représente que notre situation dans le monde c'est-à-dire notre personnalité humaine (3) et qu'il n'est pas de science du sa-

1. *Cf.* M. BLOCK. *Les théoriciens du socialisme en Allemagne*. J. *des économistes*. t. XXVII (1872) p. 27 : « Qui est juge de l'utilité d'une chose ? C'est évidemment le consommateur qui en apprécie la valeur ? Veuillez remarquer que nous disons valeur et non *prix*. Pour fixer le prix, le concours du producteur ou propriétaire est nécessaire ; mais pour déclarer que tel objet est désirable et que, pour l'obtenir, on donnerait en échange un autre objet, le consommateur suffit... »

2. A. cons. G. J's GRAVESANDE. *Introd. à la phil. Leide*, 1737, ch. VI et VII.

3. « Par la théorie de la valeur l'économique s'enracine dans le sol de la psychologie. La notion de la valeur sert de fondement à l'édifice dont le postulat d'égalité, entre les derniers besoins satisfaits, forme la clef de voûte et le mépris dans lequel certains économistes allemands tiennent les recherches et les notions de cette nature, permet de mesurer avec quelle fidélité le recul de la pensée scientifique répond

vant (1). Ainsi pouvons-nous dire avec Karl Marx (2) que la réalité que possède la valeur de la marchandise diffère en ceci de l'amie de Falstaff, la veuve l'Eveillé, qu'on ne sait où la prendre et que, par un contraste des plus criants avec la grossièreté du corps de la marchandise, il n'est pas un atome de matière qui pénètre dans sa valeur. Mais ce ne sera pas croyons-nous, en considérant les valeurs des marchandises comme n'ayant qu'une réalité purement sociale acquise « en tant qu'elles sont des expressions de la même unité sociale, du travail humain » que nous arriverons à rendre compte de ce je ne sais quoi d'égal où s'arrêtait Aristote et à déterminer mathématiquement la substance qualitative, toujours fuyante, des quantités marchandises (3).

au recul de la civilisation ». C. SECRETAN. *L'économique et la philosophie. Rev. Phil.*, 1890, n° 1, p. 15

1. « ......Le sujet, quelle qu'en soit la nature intime, ne peut se saisir lui-même comme tel ou tel objet. Le sujet est présent à lui-même, mais non représenté à lui-même ; il a conscience, mais il n'a pas conscience de soi comme d'un changement particulier ni comme d'un état particulier, quoi qu'il n'acquière la conscience distincte et claire de soi que dans des changements et des états offrant eux-mêmes distinction et clarté «. A FOUILLÉE. *Le sentiment de l'effort. Rev. Phil.* Déc. 1889, p. 582.

2. *Le capital*, ch. 1. III, p. 18, col. 2.

3. « La mesure du mouvement, dit Laromiguière (Leçons de phil., p. 315) ne peut être qu'un mouvement......» il aurait pu ajouter que la mesure d'une valeur ne peut être

Sans doute le travail humain peut donner aux objets, plus qu'aucune autre cause extérieure, de la valeur puisque la valeur restant pour nous une expression purement subjective, le travail de l'homme sera le plus souvent, dirigé en vue de rendre les choses plus agréables à l'homme, c'est-à-dire de leur donner de la valeur ; mais le travail d'une armée détruisant une ville n'aura point sans doute cet effet pour tout le monde. Tel travail qui, pour les uns, donne de la valeur aux choses, en enlève au gré des autres et l'on peut se demander ce que serait le travail de l'homme sans le travail des agents naturels (1). « Les matières, dites premières, sont des matières secondes, tertiaires, quaternaires, quinquenaires, millénaires... Le

qu'une valeur..... la recherche d'un étalon, mathématiquement exact de la valeur, est impossible et l'on peut dire avec J. B. Say que c'est la quadrature du cercle de l'économie politique (J. GARNIER. *Ec. Pol.* Paris 1856, pp. 61 sqq. et 470). « L'échange la détermine il n'en est pas le fondement. La valeur existerait pour l'homme isolé, distincte de l'utilité.... Ainsi il pourra dire : Mes deux flèches ne valent pas mon canot ». BAUDRILLART. *Ec. Pol.* Paris, 1857, p. 215 note. *Cf.* COURCELLE SENEUIL. *Ec. Pol.* Paris 1865, p. 99. « Le prix d'une marchandise n'est autre chose que sa valeur exprimée en monnaie. » Contra K. MARX. *Salaires, prix, profits.* Paris, 1899, pp. 44, sqq.

1. « L'homme peut se considérer au milieu des agents de la nature comme un chef que de nombreux ouvriers environnent dans un immense atelier : mais quels résultats obtiendrait-il sans leur concours ». J. DROZ. *Ec. Pol.*, 1829, p. 48.

soleil a travaillé pendant des milliers d'années, ouvrier sans pareil, pour composer ce morceau de charbon que notre science économique a nommé une matière première. Mais le soleil et le morceau de charbon sont sans lumière et sans chaleur si une intelligence ne les embrase de sa propre flamme, si des yeux ne s'ouvrent pour les voir et des mains pour les capter. L'unique facteur du travail est l'esprit » (1). Or, de notre effort intellectuel il ne saurait y avoir de mesure scientifique, ainsi que nous l'avons vu, puisque cet effort perpétuellement changeant et toujours continu représente tout jus-

1. H. Depasse. *Du travail et de ses conditions*. Paris, 1895, p. 94. *Cf*. É. de Lavelaye. *Le social. contemp*., 1891, p. 40. «.... Le vin du Château Laffite vaut 15 francs la bouteille et celui du vignoble voisin 1 franc... Ainsi on obtient tantôt pour une même somme d'efforts des valeurs très inégales et tantôt des valeurs égales pour des quantités de travail inégales. La valeur n'est pas en proportion du travail..... Si avec un meilleur outil j'obtiens deux fois plus de biens, je suis véritablement deux fois plus riche : car mes satisfactions étant doublées, j'ai produit double valeur réelle. » *Cf*. Tolstoï. *L'argent et le travail*, ch. XVI. « Si l'on amène sur un marché des chevaux et des vaches qui ont été élevés par leur propriétaire et en même temps d'autres... qui ont été enlevés de force à leurs possesseurs, il est clair que sur ce marché le prix de ces animaux ne correspondra plus à la peine qu'il a fallu prendre pour les élever... il est aussi possible... de prendre l'argent lui-même et d'acquérir à l'aide de cet argent tous les autres produits. Si donc l'argent lui-même peut être acquis par la violence et servir à l'achat de tous les autres objets, il perd absolument sa signification comme moyen d'échange. »

tement le véritable progrès dans le devenir que l'on ne peut que vivre sans jamais pouvoir l'objectiver et le prévoir : « Seul l'individu porte en soi le régulateur de son travail et l'appréciation de ses moyens. Cette connaissance intime de l'effort possible et utile qu'il peut développer n'appartient qu'à lui et, si sa volonté subit la pression des circonstances, celles de phénomènes parfois inévitables, on ne saurait avoir la prétention de diriger avec une réelle efficacité au moyen de réglementations d'ordre nécessairement général et s'appuyant sur des chiffres moyens, chaque machine humaine au point de vue des multiples formes du travail industriel (1) ».

L'idée de travail comme l'idée de valeur semble donc échapper à la science et ne pouvoir jamais s'incorporer dans la matière à la façon d'une qualité dans l'unité atomique et de cela certes nous n'avons pas lieu d'être étonnés si nous nous rappelons que la qualité dans les sciences reste, en quelque sorte, objective et attribuée par nous aux choses suivant les rapports qui s'établissent entre elles, tandis que, dans l'idée de travail tout aussi bien que dans celle de valeur, la qualité se trouve avoir nous-mêmes pour objet, c'est-à-dire qu'elle se con-

1. A. Liesse. *Le travail*. Paris, 1899, p. 482 et p. 481. « On raisonne donc sur une abstraction lorsqu'on emploie l'expression force-travail. Le travail est, au contraire, un élément très relatif suivant qu'on envisage le travail total développé et le travail utile obtenu. »

fond avec notre moi essentiellement changeant et qu'il ne saurait dès lors, y avoir de rapport fixe et durable entre nous et les choses, en un mot, de science définitivement constituée de l'homme social. La stabilité de la valeur est en raison inverse du progrès, de même que toute extension de l'autoritarisme scientifique en matière de direction individuelle, est en raison inverse de notre liberté.

Est-ce à dire que la science ne peut nous être d'aucun secours en matière sociale ? Une telle affirmation serait un parfait contre-sens puisque toute question sociale se trouve tomber, par définition même, dans le domaine scientifique. C'est à la science, et uniquement à elle, que l'on doit recourir dès qu'il s'agit d'une organisation sociale quelconque, c'est-à-dire d'un groupement matériel et, dès lors nous ne voyons aucun inconvénient à emprunter pour cela les formules descriptives de la science qui nous permettent de classifier et de cataloguer les phénomènes dans l'espace.

C'est ainsi que nous pourrons, à l'exemple du naturaliste, envisager la société à la façon d'un organisme ou d'une individualité naturelle (1), car

1. « Ce n'est pas à un organisme que ressemble une société… c'est bien plutôt à cet organe singulier qui se nomme un cerveau. » Tarde. *Categ. log. et inst. soc. Rev. Phil.* Sept. 1889, p. 303. Voir sur cette question A. Comte. *Cours de phil. pos.*, 48e et 50e lec. Spencer. *Pr. de soc.*, § 220, 222.

le fait même pour l'homme de vivre en société entraîne un ordre nouveau de phénomènes qui suffit à constituer la Sociologie en science « Le travail combiné donne des résultats que le travail individuel ne saurait jamais produire... Dans les arts mécaniques, comme dans les travaux de la science, un homme peut actuellement faire plus dans un jour qu'un individu isolé pendant toute sa vie. L'axiome des mathématiciens que le tout est égal aux parties n'est plus vrai appliqué à notre sujet (1) ».

Mais il ne faut pas l'oublier, en agissant ainsi, nous devons strictement rester dans les limites de la science, c'est-à-dire nous contenter d'envisager les faits tels qu'ils se produisent, de les grouper, de les cataloguer, sans jamais prétendre pour cela en déterminer et en diriger les causes « les changements qui se produisent à la surface des êtres nous donnent les conditions, non les raisons ni l'essence de leur vie intime et l'on n'a pas tout dit quand on a décrit les moyens que la nature emploie (2) ».

Nous avons nous-mêmes, développé cette analogie formelle dans une brochure : *Une définition de l'Etat, Paris, 1897*, en nous plaçant à un point de vue purement descriptif et en réservant notre appréciation sur les questions de liberté, de vie et de progrès que nous traitons plus spécialement aujourd'hui.

1. T. Sadler. *The law of population*. London. 1830, cité par K. Marx. *Misère de la philosophie*. Paris, 1896.

2. L. Fochier. *Rev. pol. et litt.*, 1879, n° 46, p. 1083.

Nous l'avons indiqué précédemment : le savant est antérieur à la découverte et ce n'est pas la science qui crée le savant. Or, de même que la science fait, croyons-nous, fausse route en essayant de réduire, par le nombre, l'idée purement qualitative de valeur, de même encore nous pensons que la science ne saurait atteindre par l'idée d'association le principe même de la vie et que si la société ou l'Etat est sans doute une *forme*, l'homme seul est une *force* dans le sujet qui nous occupe. Le matérialisme scientifique se montre parfaitement logique avec lui-même en considérant la société comme un *organisme réel* (1) et cette opinion courageuse et hardie nous paraît être pour lui, la seule raisonnable. Mais il faut bien le reconnaître, une pareille conception, volontairement ou non, se base toujours, en définitive, sur l'hypothèse atomique d'éléments homogènes composant l'univers. Or, si nous disons, en biologie, que l'homme est un groupement de groupements d'atomes, il faut bien que sa force, sa personnalité, ou, si l'on aime mieux, sa vie ne soit qu'une expression purement grammaticale par laquelle on entend désigner d'un seul mot les personnalités, les vies de tous les atomes composants,

---

1. *Cf.* Lilienfeld. *Pensées sur la science sociale et l'avenir* et plus particulièrement l'ouvrage très net et très complet de R. Worms. *Organisme et société*. Paris, 1896. « L'homme après tout n'est qu'une unité vivante.... (p. 68) ».

considérés en fonction les uns des autres, sans que l'on puisse trouver pour les unir d'autre caractère général que la ressemblance des caractères particuliers et leur commune altération à l'occasion de leur mutuelle présence.

Dès lors, il paraît difficile de saisir d'autre différence qu'une différence de degré entre la personnalité humaine et la personnalité Etat également formée de cellules, car si la personnalité n'est, somme toute, qu'un groupement volontaire, celle de l'Etat paraît tout aussi légitimement fondée que celle de l'homme.

Si nous acceptons sans examen la théorie matérialiste de la vie nous ne pourrons manquer d'admirer la façon dont elle s'applique exactement aux sociétés et nous serons tentés d'y voir sa pleine justification. Cela vient de ce que la thèse est juste en ce qui touche à l'Etat, celui-ci ne pouvant avoir, en réalité, d'autre personnalité qualitative et active que celle de ses membres et tout ce qui est social et homogène se trouvant relever, par là même, de l'analyse scientifique. Mais, en réalité, la théorie la plus importante et à laquelle nous n'attachions tout d'abord que l'importance de simples prémisses, c'est en définitive celle de la personnalité humaine et c'est sur elle que se concentre toute la discussion. En effet, si l'homme n'est qu'un groupement d'atomes analogue à l'Etat, mais d'une classe inférieure, il doit lui être soumis et s'absorber en lui. C'est vers cette idée que tend la thèse matérialiste. Au contraire, si l'homme est quelque chose de plus que l'Etat, l'Etat peut, sans doute représenter pour lui la meilleure combinaison favorisant son développement, mais sa participation à l'Etat ne peut être jamais que volontaire.

Or, nous savons que la vie (1), tout aussi bien que le mouvement et la durée, ne saurait s'analyser par la méthode scientifique et que l'hypothèse atomique ne nous offre qu'un mirage de notre propre personnalité qualitative; nous n'y reviendrons pas. Une fois de plus nous voyons donc que la science nous est indispensable pour coordonner les résultats de notre initiative personnelle, qu'elle est le merveilleux outil de notre progrès, un excellent cadre pour notre activité, mais qu'elle ne saurait jamais la devancer ni la diriger.

Et ceci nous amène à conclure en disant que la

1. « La synthèse appartient à la vie; il faudrait dire les synthèses car il y en a deux : celle de la substance, puis celle de la forme. La première déjà est inévitable : on ne fabrique ni albumine ni sucre. La seconde celle de la forme héréditaire celle qui fera que du germe microscopique sortira un être semblable à ses parents, confond encore plus la raison ». DENYS COCHIN. *L'évol. et la vie.* Paris, 1886, p. 295. « Y a-t-il un Lavoisier ou un Mayer qui ait recueilli et pesé ou estimé la vie de la fourmi écrasée par un passant ou du bœuf assommé à l'abattoir ? » DELBŒUF. *La matière brute et la matière vivante. Rev. Phil.* Oct. 1884, p. 402.

Sociologie, en tant que science peut, sans nul doute, examiner les faits, les classer et fournir ainsi de précieux matériaux à notre activité à l'exemple des autres sciences de la nature, mais qu'elle ne saurait, en aucune façon, prétendre à diriger cette activité, pas plus que le naturaliste ne crée la vie. Nous devons donc repousser toute doctrine soumettant l'individu à l'Etat et prétendant diriger notre travail vers tel ou tel but (1). Cela ne veut pas dire évidemment, nous ne saurions trop le répéter, que l'individu ne se soumet pas aux règles scientifiques *ipso facto*, dès l'instant qu'il matérialise socialement son activité, mais cela signifie que personne au monde ne doit pouvoir le contraindre à employer, contre son gré, son loisir ou son travail libre.

Nous nous contenterons d'indiquer par contre, dans notre conclusion que si la science a ses limites qu'elle ne saurait franchir sans commettre un véritable excès de pouvoir, la philosophie, elle aussi, doit tenir compte des exigences de notre nature physique et qu'en réalité, si le loisir doit être essentiel-

---

1. « On propose de supprimer la propriété de la terre, des objets de consommation et des moyens de production, mais il faudra, cela fait, légiférer encore pour contraindre les hommes à travailler...... l'esclavage revient à son ancienne forme à peine modifiée, la contrainte au travail ». Tolstoï. *L'esclavage moderne*, Paris, 1901, p. 97.

lement libre, c'est qu'il doit toujours supposer une organisation économique antérieurement constituée grâce à laquelle tous les hommes se peuvent également racheter du travail forcé.

CONCLUSION

Notre conclusion sera double comme notre étude. Elle portera tout en même temps, sur la méthode générale qu'il convient d'adopter pour examiner les questions qui se rattachent à la situation de l'homme vivant en société et, plus particulièrement sur les modifications qu'il serait utile d'introduire dans la conception philosophique que nous nous faisons du travail, c'est-à-dire de ses causes et de ses fins.

En premier lieu, il nous semble avoir indiqué suffisamment que non-seulement on ne saurait jamais universaliser la méthode scientifique, comme le prétend le matérialisme pseudo-panthéistique des atomistes, mais que nous devons même la considérer comme essentiellement transitoire et relative, faite à l'image de notre conception actuelle du monde extérieur et cette idée générale nous a conduit à prendre la doctrine idéaliste pour base de nos recherches.

Mais considérer avec Parmenide et les autres éléatiques, l'être comme absolument unique, éternel et immobile, c'est confondre du même coup le mouvement et le repos, en résumé toute diversité dans le monde et retrouver ainsi, sous une autre forme, l'immobilité actuelle des atomistes projetée à l'infini. C'est donc par l'idée de qualité que nous pouvons plutôt nous faire une idée de la réalité des choses dans leur actuelle diversité et, tout en évitant l'hypothèse spiritualiste de deux principes opposés se partageant l'univers, nous pouvons penser, après Spinosa, que le degré de perfection ne correspond en toute chose, qu'au degré de réalité et que notre esprit, étant constitué par les idées, voit sa réalité s'accroître avec elles et, par là même, sa moralité.

Mais si nous voyons clairement que le panthéisme nous donne la plus haute idée que nous puissions avoir de la solidarité, non-seulement des hommes entre eux mais de toute chose en Dieu, il n'en est pas moins vrai que, situé à l'opposé du point de vue social et scientifique, cet idéal ne se peut manifester que sous la forme de l'individualisme le plus absolu (1) ; car si les matériaux du progrès sont

---

1. *Cf.* (Spinosa). *Tractatus, théologico-politicus*. Hamburgi, 1670 (Per hoc cognoscimus quod in Deo manemus, et Deus manet in nobis, quod de Spiritu suo dedit nobis. Johann. E. I. C. IV. vers XIII). Cap. XX, pp. 232. 233. « His ostendimus I impossibile esse libertatem hominibus dicendi ea, quæ sentiunt, adimere..... V. Leges quæ de rebus speculativis conduntur inutiles omnino esse VI. Denique ostendimus, hanc

évidemment fournis par la science, on ne saurait concevoir cependant l'acte même du progrès comme un acte social, mais bien au contraire comme un acte essentiellement individuel s'accomplissant au plus profond de notre conscience et se développant librement en nous dans l'activité continue et libre du devenir. Mais qu'on ne s'y trompe pas, au point de vue idéaliste un acte devient toujours plus social à mesure qu'il semble, pour le matérialiste, devenir plus individuel. C'est ainsi qu'une peinture de Léonard, ou la publication des « Principes mathématiques » de Newton, paraissent au premier abord des actes dénués de toute utilité sociale et de toute influence morale immédiate, alors qu'ils en représentent en réalité la plus haute et la plus durable expression.

Cependant si nous voyons le matérialisme scientifique attaquer violemment l'individualisme et le présenter, ainsi que le faisait Louis Blanc, comme l'apologie la plus immorale de la force égoïste et brutale, ces attaques, il faut bien le reconnaître, ne sont pas, le plus souvent, sans fondement.

En effet, l'individualisme est parfaitement logique avec lui-même tant qu'il se contente de réclamer pour chacun l'absolue liberté de l'esprit vis-à-vis

libertatem non tantum servatâ Republicæ pace. pietate, et summarum potestatum jure posse, sed ad hœc omnia conservandum, etiam debere concedi..... »

de la science. Quoi qu'on en dise, la meilleure société communiste, basée sur les données les plus incontestables de la science, ne saurait suffire à nous contenter par cela même que l'esprit ne saurait se soumettre à la science comme le tout ne saurait se soumettre à la partie, le devenir au passé immobile (1). Un savant se décide à partir vers le pôle, sachant bien que, scientifiquement, il peut s'y trouver dans des conditions déplorables d'hygiène ; on peut préférer une situation physiquement misérable et moralement libre à la contrainte au sein du luxe ; et si l'on nous répond à cela, ce qui est fort juste, que l'insécurité matérielle entraîne toujours la servitude morale, nous répondrons que de tout temps, l'homme n'a point hésité à sacrifier même sa vie lorsqu'elle ne lui était plus supportable au point de vue moral (2).

1. « Voilà l'objection qui se dresse devant tous les systèmes communistes, objection que les fondateurs des jeunes sociétés qui allaient s'établir dans les déserts américains n'ont jamais su comprendre.... Et la communauté avait beau garantir le pot-au-feu ; elle avait beau supprimer dans l'éducation tout ce qui pouvait développer l'individualité ; elle avait beau imposer la Bible pour toute lecture, les goûts individuels se faisaient jour avec le mécontentement général, les petites querelles surgissaient sur la question d'acheter un piano ou des instruments de physique ; et les éléments de progrès tarissaient ; la société ne pouvait vivre qu'à condition de tuer tout sentiment individuel, toute tendance artistique, tout développement » P. KROPOTKINE. *La conquête du pain*. Paris, 1894, p. 134.

2. Le suicide résulte presque toujours d'une disproportion

Mais il faut bien le dire, si la doctrine individualiste est non seulement défendable, mais représente encore ce que l'esprit humain peut concevoir de plus élevé c'est uniquement que cette doctrine affirme hautement la subordination nécessaire du monde matériel au monde moral, de la science à la philosophie. Dès lors, que devons-nous penser de ceux qui, se disant individualistes, s'inquiètent fort peu de leur développement moral et n'affirment leur indépendance que dans un monde où l'indépendance absolue ne se conçoit même pas, c'est-à-dire dans le monde des richesses matérielles ? Ne semblent-ils pas renoncer par là même à toute personnalité intellectuelle, en fait, au véritable individualisme et en ne reconnaissant que la seule réalité des richesses matérielles, c'est-à-dire scientifiques et sociales présenter par avance la justification la plus com-

apparente ou réelle s'établissant entre la situation morale du désespéré et le bonheur général qu'il croit voir autour de lui, plutôt que de son degré de pauvreté réelle. Des sauvages dénués également de tout au point de vue matériel, ne se suicident pas tandis que dans les grandes villes une personne aisée se tuera souvent pour la moindre déception. C'est ainsi que les suicides sont beaucoup plus nombreux dans les pays réputés heureux et parmi les êtres les plus forts et les plus actifs, c'est-à-dire les hommes, à l'âge où la situation devrait être la plus stable, de 40 à 60 ans, et au printemps précisément à l'époque où la vie semble devenir la plus facile : d'avril à juillet. De 1895 à 1900 : 27.000 suicides envir. — 30 % de femmes. — Les pauvres et les riches sont en très petit nombre, les plus nombreux sont ceux gagnant leur vie.

plète des théories sociales qui prétendent tout réduire par la seule méthode scientifique ? C'est ainsi que le socialisme résulte logiquement de l'attitude prise à faux par les individualistes (1).

Mais, de son côté, s'établissant en déduction des théories de l'économie politique individualiste, le socialisme n'a pas tardé à en exagérer les défauts. En effet, si l'économie politique classique avait pu se réclamer à ses origines, de la seule méthode scientifique en paraissant borner son étude aux seules richesses matérielles, nous avons vu cependant que, dans la réalité, cette rigueur scientifique n'avait été que toute apparente et que l'affirmation de lois naturelles, supérieures et antérieures à l'homme, suffisait à assurer au domaine moral et à la liberté individuelle une part plus que suffisante dans la doctrine ; car affirmer l'existence des lois naturelles *antérieures*, ce n'était jamais qu'affirmer au fond l'existence d'un domaine moral toujours *actuel*, toujours en mouvement, imposer à la science l'idée de liberté et de progrès, et faire sortir en un mot l'individualisme de son contraire en affirmant l'harmonie préétablie de l'intérêt général et de l'intérêt individuel.

1. « Les biens extérieurs ont des bornes comme tout ce qui est instrument ou moyen : toutes les choses qu'on regarde comme utiles sont précisément celles dont la surabondance est nécessairement nuisible ou au moins inutile. C'est le

Mais cette confusion voulue ou non du domaine moral et du domaine matériel, de la philosophie et de la science, faite par l'économie politique classique en faveur de la classe aisée, le socialisme ne pouvait manquer de la reprendre, mais au profit, cette fois, de la classe laborieuse. Dès lors, tandis que les économistes utilisaient l'idée de liberté individuelle pour justifier la répartition « naturelle » des richesses matérielles, les socialistes partent de cette même idée que le monde moral se confond avec le monde scientifique pour à bon droit prétendre que toute richesse matérielle, venant du travail matériel, doit y revenir et que le progrès n'est en somme qu'une dépendance et un produit de l'organisation matérielle.

Et certes, le socialisme aussi bien que le collectivisme, paraît être le dernier mot de l'économie politique classique puisqu'en fait, si toute question repose sur le seul fondement des richesses matérielles, le monde matériel, relevant au premier chef de la méthode scientifique, il semble plus équitable et plus juste d'en soumettre l'organisation tout entière au seul contrôle de la science et de ses lois.

Il faut cependant en rabattre. Que le socialisme ait pour base l'économie politique, cela ne suffit pas si cette base est fausse ou incomplète. Or nous avons

contraire pour les biens de l'âme... » Aristote. *Pol.* L. IV, ch. I, § 4.

tout particulièrement insisté sur ce point au cours de notre étude : la science n'est qu'un produit de notre esprit, elle peut nous servir utilement sans doute pour dresser un fidèle inventaire de notre activité passée, fixée désormais dans l'espace, mais elle ne saurait atteindre jamais l'acte même du progrès. Enfin, comme nous devons penser que la science n'en étant encore à l'heure actuelle qu'à ses timides et tout premiers débuts, il serait absurde d'en vouloir fixer définitivement les résultats et de nous soumettre à une organisation sociale dont nous ne serions plus que les cellules obéissant à un cerveau fantôme, alors qu'une simple idée nouvelle d'une de ces cellules suffirait à tout renverser.

L'économie politique classique et le socialisme ne nous offrent donc que des théories d'ensemble parfaitement insuffisantes pour cette simple raison qu'elles se trouvent également basées sur la science, que la science ne repose que sur des données matérielles, par définition même immobiles, et que, dès lors, elles laissent en dehors d'elles le mouvement, et pour mieux dire le progrès. Aussi dans toute question intéressant le progrès c'est-à-dire dans toute question où le changement perpétuel et continu est en jeu, la science et par conséquent l'économie politique ou le socialisme ne saurait en quoi que soit nous suffire.

Car les théories générales de la science, ne reposant que sur le seul et insuffisant ensemble des données matérielles, il est facile de comprendre que cet ensemble ne saurait correspondre à l'ensemble réel des choses, puisque les données matérielles n'en représentent qu'une partielle figuration, et ne sont, en somme, qu'un essai de représentation fragmentaire de l'unité et du continu qui est en nous.

C'est ainsi que, dès l'abord, nous constatons que l'économie politique classique, s'occupant du seul monde des richesses, laisse, par là même, en dehors d'elle, la question capitale du chômage et doit se désintéresser, si elle veut rester une science, de ceux qui ne possèdent rien.

C'est ainsi que nous voyons de même le socialisme se désintéresser de ceux qui veulent se libérer du travail forcé et nier toute possibilité d'un développement individuel.

Car, dans les deux cas, la méthode scientifique ne pouvant s'exercer sur des données morales, la science laisse, en dehors d'elle, tout ce qui ne figure pas sur le marché ou dans le personnel de l'atelier.

Cette double perspective scientifique n'a donc rien de bien attrayant. Du côté de l'économie politique, nous voyons une partie de l'humanité férocement exclue du banquet de la vie comme le montrait Malthus, l'autre partie, libre sans doute, mais d'une liberté sans joie car elle ne va pas sans insécurité et sans remords, préoccupée en conséquence de toujours mieux fortifier sa situation matérielle au lieu de profiter intellectuellement de son loisir. Et cette double alternative ou de mourir de faim ou de mourir de peur, n'est point faite pour nous satisfaire. Du côté du socialisme, nous voyons la vie de tous assurée, ce qui est un grand progrès, sans doute, mais au prix de notre liberté; car si nous sommes assurés de manger, comme l'esclave antique, le reste de notre temps appartient à notre maître, dans l'espèce, à la société. Et véritablement, on peut se demander si le soin de notre situation matérielle vaut que nous lui sacrifiions toute notre liberté et si cet état de cellule sociale passive et bien nourrie, répond à l'idéal que nous nous faisons des destinées humaines. Car, si le socialisme a raison en ce qui touche à la critique de l'économie politique, c'est-à-dire en fin de compte, à la question du chômage, n'est-il point sensible qu'il s'égare toujours plus à mesure qu'il tend à se rapprocher du domaine individuel interdit à la science, de l'acte même du progrès.

Aussi le voyons-nous s'en tenir, le plus ordinairement, au domaine qui lui convient le mieux et ne nous entretenir que de l'organisation du travail manuel, car, en fin de compte, c'est là seulement que la méthode scientifique peut triompher. Mais, il faut bien le dire, en se rattachant ainsi à la production matérielle, le socialisme perd en attrait ce qu'il gagne en précision et il est difficile de penser que le but de la vie soit le travail (1), même joyeux, dans une manufacture. Il y a véritablement une limite à la satisfaction de nos besoins matériels et les sauvages, eux-mêmes, ne lui consacrent pas tout leur temps.

Ainsi donc, tandis que l'économie politique nous présente une thèse incomplète, en ce sens que, prenant pour base les richesses, elle laisse en dehors d'elle une partie de l'humanité qui n'en est point pourvue, le socialisme, lui, nous présente aussi une thèse incomplète, car si, d'un côté, nous le voyons tenir compte également de tous les hommes, il nous paraît oublier dans l'homme le seul côté qui vaille qu'on s'y arrête : le côté qualitatif et réel et, par là même, l'homme tout entier en tant qu'individu. Or, si nous admettons que le progrès social n'est

---

1. « Ce sont deux choses bien différentes qu'aimer le travail et l'honorer. L'homme moderne n'aime pas plus le travail que l'homme antique, le travail n'est pas plus attrayant aujourd'hui qu'autrefois. Le travail n'est pas un but c'est un moyen. Ceux qui célèbrent le travail ce sont ceux qui ne travaillent pas ». Deschamps *Hist. des doct. ec.* cours ms. Fac. de dr. Paris 1897 — 98 — 7e lec. « La création appartient à la vie, l'âme et la décomposition sont du domaine de la physique et de la chimie. Et ainsi s'explique la belle parole de Claude Bernard. « La vie c'est la mort »…. le travail c'est la destruction des éléments que la vie a réunis ». Denys Cochin. *L'év. et la vie*, p. 298.

jamais, en somme, que la résultante des progrès individuels fixés dans l'espace, il nous paraît que supprimer le progrès individuel, c'est, du même coup, tarir toute source de vie et de devenir social.

En présence de ce double échec de la science, il ne nous reste plus qu'à remonter à la source de toute science, c'est-à-dire à la philosophie et certes, si nous admettons que l'homme n'est point une simple juxtaposition d'atomes, cette solution s'impose sans discussion puisque l'homme se trouvant intégralement compris dans la question sociale, celle-ci ne saurait se montrer plus étroite que son contenu.

Et tout aussitôt la question s'éclaire : le travail, au lieu de remplir toute la scène, n'est plus qu'un simple épisode de la destinée humaine ; placé entre ses causes et ses fins, il se précise et s'isole.

Dès lors, puisqu'il n'est plus seul, plus n'est besoin de vouloir y trouver, à tout prix, soit le bonheur complet pour les optimistes, soit notre condamnation définitive comme le veulent les doctrines pessimistes ; il n'y a plus, à proprement parler, ni travail noble, ni travail servile, ni travail matériel, ni travail intellectuel, là n'est point la question, car ce n'est plus d'après les objets auxquels il s'applique que le travail prend tel ou tel caractère, mais d'après nous-mêmes.

A toutes les époques, nous voyons en effet que

tout le travail de l'homme tend, en premier lieu, à assurer son loisir et qu'une fois ce loisir obtenu, il n'est point satisfait qu'il ne travaille encore. Que faut-il donc en conclure sinon que le travail est double comme la personnalité humaine et qu'il se distingue essentiellement, non par lui-même, mais par le but qu'il poursuit.

Aussi importe-t-il, avant tout, de distinguer en chaque cas particulier le travail qui a pour but de satisfaire uniquement aux besoins de notre corps et celui qui n'a pour but que de satisfaire au besoin d'activité de notre esprit.

Le premier est indispensable, il est la condition même de notre vie, non point certes, comme on l'a dit, le rachat, mais bien le péage de notre intelligence, car il ne saurait être question pour nous ni de civilisation, ni de progrès, ni de rien au monde, tant que notre existence n'est point assurée ; aussi voyons-nous, de tout temps, ce genre de travail prendre une importance capitale aux yeux de tous les hommes. Ce travail est à proprement parler, le *travail forcé*. C'est, en réalité, sur lui seul que porte et que doit porter toute la question sociale, lui seul se prête, en effet, aux déterminations scientifiques exactes, car il ne concerne que le côté biologique de notre personne, lui seul peut être l'objet d'une réglementation et d'une organisation sociale car lui seul se présente également nécessaire pour tous.

Le second c'est le *travail libre*, il suppose, avant tout, que la vie matérielle de celui qui s'y adonne est assurée, il s'exerce suivant la libre inspiration de notre esprit ; essentiellement variable, impossible à déterminer et à prévoir, il représente à lui seul le progrès, il est en dehors de toute question sociale, aussi l'avons-nous constamment considéré, au cours de cette étude, sous son aspect négatif et lui avons-nous donné le nom de *loisir*. Naturellement individuel, il échappe à toute organisation scientifique et ne relève que de simples traités, nous allions dire internationaux, intervenant entre les hommes vivant en société.

Au travail forcé, correspond l'ordre économique.

Au travail libre correspond l'ordre moral, au strict point de vue idéaliste, et, dans la pratique, l'ordre politique chargé de maintenir, du consentement de tous, le respect des droits individuels, l'homme moral n'étant point encore assez fort, de nos jours, pour demeurer toujours maître de ses instincts.

Tout développement du travail libre est un signe de richesse et de progrès et, par là même, doit être considéré favorablement, mais si nous ne pensons pas qu'il faille intervenir en quoi que ce soit dans l'ordre politique et dans l'ordre moral, il n'en est pas moins vrai que le travail libre ne peut se développer qu'en supposant accompli le travail forcé et que nous ne saurions admettre un ordre politique sans un ordre économique antérieurement posé.

Enfin, comme l'ordre politique, représentant essentiellement le changement et le progrès, s'échafaude provisoirement dans l'ordre matériel au profit de notre esprit, nous devons le considérer au strict point de vue idéaliste comme un ordre transitoire destiné à s'effacer petit à petit au profit de l'ordre moral.

A la base de toute question sociale, seul l'ordre économique nous reste donc. De tout temps, c'est en effet la répulsion instinctive des hommes pour le travail forcé qui entraîne avec elle tous les abus, toutes les injustices et cette répulsion s'explique aisément, le travail forcé représentant ce qu'il y a de plus bas et de plus primitif dans le développement naturel de l'activité humaine. Affolés de sécurité, vous voyez des hommes entasser pour eux-mêmes ce qui suffirait à l'existence de plusieurs familles. Mais leurs richesses, attirant sur eux la convoitise des plus pauvres, leur sécurité s'en trouve d'autant diminuée; ils s'efforcent alors de la raffermir en augmentant toujours leurs réserves et cette progression vicieuse finit par mettre en présence une classe riche qui, ne se sentant jamais en sécurité, ne profite point utilement de sa fortune et une classe pauvre qui prend pour idéal les mœurs déplorables des riches. Dans de pareilles conditions, est-il besoin de faire remarquer tout l'intérêt qu'il y aurait à éclairer les classes élevées et, par l'instruction, à rectifier l'idéal des classes pauvres.

Enfin, cette aversion pour le travail forcé, honorable tant qu'elle incite chacun à s'en délivrer le plus rapidement possible, devient une cause de désorganisation sociale lorsque l'homme se décharge de ce soin sur d'autres hommes et c'est ainsi que nous voyons, de tout temps, la classe élevée dépenser sans compter son activité pour toute autre chose, même pour le jeu, et refuser, par principe, d'accomplir le travail forcé qui lui est personnel. Si les anciens dédaignaient le travail manuel, c'est qu'ils entendaient par là le travail forcé; les exercices du corps ont, de tout temps, passé pour les plus nobles et cependant ils rapprochent l'homme de la nature infiniment plus que ne le saurait faire le métier manuel d'un artisan. Ce n'est point non plus la durée ou la rigueur du travail qui de tout temps l'a fait considérer comme plus ou moins odieux : la situation d'un Pline l'ancien, se livrant à un labeur écrasant mais libre, paraît à tous essentiellement enviable, par contre, un artiste qui, de nos jours, en est réduit à gagner strictement son pain en vendant ses œuvres, peut paraître à bon droit dans une condition fort misérable. Un explorateur peut souffrir, physiquement, infiniment plus qu'un manœuvre et cependant personne ne s'avisera de tenir sa situation pour inférieure à celle de l'autre. La seule question qui se pose est celle de savoir si le travail accompli l'est ou non pour assurer la vie physique de son auteur. Si oui, nous le jugeons inférieur, sinon il ne nous paraît pas méprisable.

Le bonheur social n'est donc fait, en réalité, que de sécurité matérielle (1) et le bonheur individuel ne peut se développer que sur le bonheur social, car l'existence même de l'ordre politique suppose l'organisation antérieure de l'ordre économique.

Cette organisation était réalisée, nous l'avons vu, dans la cité antique. Aujourd'hui, dans notre société moderne individualiste, le citoyen n'a plus de base matérielle assurée et l'accroissement du chômage, résultant des progrès de la science, ne fait que rendre sa situation de jour en jour plus insupportable et plus fausse.

C'est à cette situation qu'il faut nécessairement porter remède et cela paraît d'autant plus facile à réaliser que le travail forcé, correspondant aux seuls besoins biologiques de notre corps relève intégralement de la science pour toute son organisation.

D'une façon générale, il semble que cette organisation sociale de l'ordre économique devrait procurer, à tous ceux qui en feraient la demande, la

1. *Cf.* Bentham, Def. de l'usure, introd. Coll. des Ec. XV, 514 sqq.

propriété d'une maison ou fraction de maison et l'assurance viagère de la nourriture strictement suffisante pour entretenir la vie, moyennant un travail correspondant, ou gratuitement en cas d'incapacité. Enfin il y aurait avantage, pour simplifier cette organisation, à appliquer directement le travail du demandeur à la production des choses demandées. Car en travaillant pour lui-même, un homme assurerait en quelques années sa sécurité matérielle pour toute sa vie, tandis qu'en travaillant pour les autres toute sa vie, il ne possède souvent jamais rien. « Le travail que chacun fait pour sa propre utilité, disait d'Argenson, paraît toujours moins pénible et moins considérable, et il est mieux fait. Les travaux généraux ne s'exécutent que par des ressorts trop étendus et trop composés pour être parfaits ; ils sont du moins sujets au relâchement (1) ». Qu'importe à un malheureux de trouver, comme le montre Bastiat, la rue pavée et éclairée et que des milliers d'hommes lui abandonnent le fruit de leurs travaux, si ce prodigieux effort ne peut lui assurer le morceau de pain dont il a besoin. Il vaudrait mieux, sans doute, que la société se contentât de lui faciliter l'accomplissement du travail strictement nécessaire à sa subsistance et à son logement en organisant des boulangeries mé-

1. Consid. s. le gouv. anc. et pr. de la France 1784, p. 255.

caniques populaires ou le crédit nécessaire à la création de maisons ouvrières. Organiser le droit au travail est absurde lorsque le travail d'assistance fourni est parfaitement inutile et il l'est forcément puisqu'il est inventé en plus des besoins déclarés, mais organiser le droit à l'existence en appliquant directement le travail du citoyen pauvre à la production des objets de première nécessité dont il a besoin, nous paraît logique et s'impose toujours plus à mesure que le progrès accroît le chômage, phénomène heureux qui ne devrait jamais être une cause de douleur pour personne.

Toute cette organisation, étant d'ordre essentiellement scientifique, dépasse les limites de notre sujet et nous n'y insisterons pas ; elle n'en fait pas moins, dans son principe, la base de nos conclusions.

Quelles que soient les apparences, la société économique forme un ensemble dont chaque partie se trouve étroitement liée aux autres. Dans l'antiquité, ce lien se trouve solidement marqué ; dans notre société individualiste, moins apparent, il n'en subsiste pas moins plus rigoureux encore, mais au seul profit de la classe riche et c'est dans cette inégalité qu'il faut rechercher la cause de toutes les revendications modernes en faveur de la classe délaissée et de toutes les inquiétudes de la classe élevée.

Car tandis que l'individualisme des hautes classes, logiquement basé sur une situation matérielle solidement établie, représente en fait la meilleure situation morale que puisse désirer un citoyen, l'individualisme des basses classes, dénuées de tout, n'est autre que l'anarchisme et certes on ne saurait attendre aucune sympathie pour l'ordre établi, de la part de malheureux qui n'ont rien à en attendre de bon (1).

En fait, il faut le dire, c'est un contre-sens que de parler de liberté quand on meurt de faim et la situation ne saurait être égale entre un citoyen dénué de tout ce qui constitue un citoyen, c'est-à-dire de toute sécurité matérielle et un citoyen véritable. La société politique, nous ne saurions trop le répéter, ne peut s'établir et se développer justement, qu'entre citoyens égaux, c'est-à-dire entre gens

---

1. « Quand ils prétendent que la pauvreté du peuple fait l'assurance de la paix, l'expérience montre la grossièreté de leur abus... Qui souhaite plus ardemment une révolution que celui qui est le plus mécontent de son Etat ? » TH. MORUS. *L'Utopie.* Amsterdam 1730 p. 72 — « ... s'il n'y avait rien de vrai (sans le socialisme) il n'y aurait aucun danger... il y a au fond du socialisme une partie des réalités douloureuses de notre temps et de tous les temps.... Messieurs, songez-y, c'est l'anarchie qui ouvre les abîmes, mais c'est la misère qui les creuse. Vous avez fait des lois contre l'anarchie, faites maintenant des lois contre la misère ! » V. HUGO. *Ass. nat. législat.* 9 juillet 1849.

« Qu'on ne diminue pas l'aisance des derniers citoyens... » et note p. 99. QUESNAY. *Maximes générales sur le gouvern.* Guillaumin 1846.

ayant *leur vie assurée*, quelle que soit, par ailleurs, leur *inégalité de fortune*.

Nous pensons qu'il serait inutile et nuisible, pour établir cette égalité de recourir au collectivisme, car il nous paraît évident que la science ne doit ni ne peut intervenir dans la libre évolution du progrès.

Mais nous croyons qu'il est inadmissible à notre époque de concevoir encore la possibilité d'un ordre politique solidement établi sans s'assurer au préalable de l'ordre économique et qu'on ne saurait parler sérieusement de liberté et de progrès sans admettre tout d'abord le droit à l'existence.

Sans doute il serait puéril d'entendre par là quelque droit naturel dont l'exercice se trouverait injustement suspendu depuis l'âge d'or rêvé par les philosophes du xviiie siècle. Nous pensons que tout progrès vient de l'association humaine car elle seule permet à l'individu de se développer en toute sécurité, que tout crédit doit être consenti par nous à l'organisation sociale pour gérer au mieux nos intérêts, mais nous croyons avoir le droit parfois de lui demander compte de sa gestion et de nous en partager les bénéfices sous forme de *nouveaux droits* acquis à l'humanité et créés de toutes pièces.

Or le siècle dernier nous ayant donné des milliers d'esclaves sous forme de machines et la production ayant été facilitée dans d'incroyables proportions nous pouvons légitimement nous étonner de voir encore à l'heure actuelle plusieurs d'entre nous, privés de tout loisir et de toute instruction, travailler toute leur vie pour obtenir le strict nécessaire, alors que les sauvages eux-mêmes ne sont point obligés d'en faire autant.

Enfin comme nous voyons d'autre part les Etats modernes dépenser des sommes immenses en productions désormais parfaitement inutiles, n'en faut-il pas conclure que le budget de notre maison n'est point sagement réglé, et qu'il n'est point raisonnable ni juste de forcer des hommes à produire des objets inutiles, alors qu'ils se trouvent manquer du nécessaire. D'après ce que nous avons dit, il n'est point difficile de comprendre en effet que dans un Etat bien réglé personne ne devrait être contraint de recourir au travail libre ou travail de loisir, sans être au préable pourvu du nécessaire et que chacun devrait pouvoir satisfaire d'abord aux exigences du travail forcé, qui lui est imposé par ses besoins physiques, par les moyens *socialement les plus courts*. Car enfin cette contrainte au travail inutile, que l'on reproche légitimement au socialisme se trouve exister en fait, de nos jours à l'égard de la classe pauvre. Or la situation inférieure de cette classe présente un véritable danger qui entrave tout progrès, les éléments en avance du pays ne songeant plus qu'à amasser pour garantir leur sécurité, car on ne saurait attendre aucun respect ni aucune retenue de la part de gens sans instruction et sans attaches matérielles.

Le droit n'étant que la reconnaissance scientifique d'un état de fait actuellement possible, nous pensons qu'il est *possible*, étant donnés les progrès de la science, de reconnaître aujourd'hui le droit à l'existence et de lui subordonner tous les autres droits dans les strictes limites nécessaires; le gaspillage des sociétés modernes en est un commencement de preuve.

Car si, dans l'origine, il était indispensable de soumettre le droit à l'existence au droit de propriété pour favoriser en quelque sorte la formation sur terre de noyaux civilisés, nous croyons que, dans la marche naturelle des civilisations, le progrès doit se marquer par une assurance toujours plus complète du droit à l'existence. C'est de ce droit que dépend en somme le droit que nous pouvons avoir à la propriété de notre personne. En l'absence de toute mesure scientifique de la valeur des choses et de celle de notre travail, seul notre jugement qualitatif peut servir de guide à notre activité mais à la condition toutefois que nous ne soyons grevés d'aucune obligation physique et que notre existence soit au préalable assurée. La vie de l'homme civilisé ne commence qu'où finit celle de l'animal, le droit de propriété où finit le droit à l'existence, et *rien ne paraît s'opposer à ce que dans l'avenir tous les hommes puissent se libérer également de l'animalité, quitte à rester inégaux en tant que civilisés.*

*
* *

On a justement critiqué l'opinion de ceux qui jugent que la fin du monde est arrivée pour la moindre réforme, mais l'erreur est non moins forte de ceux qui croient à l'organisation possible d'un nouveau monde. « Il n'est rien de complet ni d'absolu dans la plupart des principes, disait Necker, la liberté, la propriété, le commerce, les hauts prix, l'argent, l'agriculture et tant d'autres mots de ralliement auxquels on veut soumettre toutes les combinaisons économiques ont tous également besoin d'être contenus dans de justes limites ; le bien et le mal, la vérité et l'erreur dépendent du degré de sagesse ou d'exagération que l'on donne aux idées »(1). C'est qu'il n'est de progrès qu'en nous-mêmes, une minute d'enthousiasme suffit à renverser un empire, mais des années ne peuvent effacer nos habitudes anciennes et les lois ne peuvent rien contre l'inertie

---

1. *Législat. et comm. des grains* Ch. XXVII Coll. des Ec. T. XV. p. 277. — *Cf.* P. Janet *Philosoph. du bonheur* p. 28 « ... le mal n'est pas dans la richesse elle-même mais dans les vices qui la dissipent... de même le bien n'est pas dans la pauvreté comme telle, mais dans la vertu qui y trouve une occasion de s'exercer ».

des peuples. Les hommes de cœur qui, à l'exemple des Fourier et des Cabet, après une longue évolution de leurs idées, ont cru pouvoir réformer le fond des choses selon la forme personnelle où aboutissait leur pensée, attribuaient sans s'en rendre compte leur exceptionnelle bonté au reste du genre humain ; mais leur vie certes n'a point été inutile car elle agit, comme elle pouvait seulement agir, par l'exemple personnel.

En nous seulement nous pouvons atteindre l'infini et nos exigences envers nous-mêmes ne sauraient reconnaître d'autres limites que celles de la morale stoïcienne. Il est inutile de toujours chercher à ajourner notre perfection dans une autre vie lorsqu'une seule vie paraît nous être à charge. Chacun de nos instants renferme l'infini et l'éternité, c'est à nous de le remplir. Mais si l'unité infinie est en nous au dehors de nous se trouve encore la multiplicité homogène du monde sur laquelle nous ne saurions avoir d'action que négativement par notre indulgence et par notre bonté.

Si chacun de nous se chargeait de réformer un seul homme, lui-même, ce serait sans doute la meilleure manière d'introduire l'unité du nombre dans le domaine moral et de réformer du même coup la société tout entière mais « la multitude ignore que, sans traverser et parcourir l'universalité des choses, il est impossible de rencontrer la vérité » (1) et les philosophes ont encore aujourd'hui comme autrefois une double doctrine, l'une secrète et l'autre vulgaire.

1. PLATON. *Parménide.*

VU :
Le Président de la thèse,
P. BEAUREGARD.

VU :
Le Doyen,
GLASSON.

VU ET PERMIS D'IMPRIMER
Le Vice-Recteur de l'Académie de Paris,
GRÉARD.

TABLE DES MATIÈRES

Pages

CHAPITRE PREMIER. — DE LA PHILOSOPHIE DU TRAVAIL COMME INTRODUCTION A L'ÉTUDE DES QUESTIONS SOCIALES.................................... 1

De l'avancement général des sciences exactes au cours du siècle dernier. — La sociologie et l'étude des faits. — Des limites de la science. — La science ne peut intégralement rendre compte du savant. — De la connaissance. — La science ne peut atteindre que le passé. — Son insuffisance en présence du progrès. — De la méthode philosophique. — L'homme supérieur à l'Etat. — De la philosophie du travail. — Le loisir. — De l'étude du travail comme introduction générale à l'étude de l'homme social.

CHAPITRE II. — LE TRAVAIL FORCÉ ET LA CONQUÊTE DU LOISIRS.................................... 39

De l'idée empirique de travail. — Double sens du mot travail. — Distinction apparente entre le travail intellectuel et le travail manuel. — Distinction réelle entre le travail forcé et le travail facultatif ou loisir, entre l'esclave et le citoyen. — Erreur des anciens qui prétendent réglementer le travail facultatif. — Le droit à l'existence reconnu au citoyen pauvre en Grèce et à Rome sans exiger de lui un travail économique. —

La délivrance pour le citoyen de tout souci matériel. — L'utilisation des forces naturelles. — L'esclave. — La recherche du loisir et la tristesse de l'oisiveté. — De la vie active et de la vie contemplative. — Réaction philosophique contre l'organisation politique de la liberté individuelle. — Stoïcisme et christianisme. — Naissance de l'individualisme. — L'exploitation du dualisme spiritualiste au profit de la classe élevée. — Essai de conciliation bourgeoise. — Les théories du xvie siècle. — Les organisations sociales et les réactions idéalistes. — La Révolution française. — Première réaction sociale contre l'organisation sociale au cours du xixe siècle. — La critique scientifique de la société. — Nouvelle critique idéaliste de la critique scientifique et du spiritualisme.

CHAPITRE III. — DE L'ÉTABLISSEMENT ET DE LA DÉCADENCE DE L'ORDRE ÉCONOMIQUE ET DE L'ORDRE POLITIQUE.................................... 97

Les deux classes. — Devoirs naturels et droits acquis. — Insécurité morale de la classe assurée, de la sécurité matérielle. — Tristesse de la classe servile privée du loisir. — Insécurité moderne de la classe ouvrière progressivement exclue par le chômage du monde économique. — De l'établissement privé de l'ordre économique. — De l'établissement secondaire et public de l'ordre politique. — La hiérarchie naturelle et artificielle de la famille et l'ordre économique. — L'alliance politique des chefs de famille ou citoyens. — De l'établissement du gouvernement direct ou de la tyrannie. — L'état politique ne s'inquiète que du loisir ou du travail libre. — Il suppose l'organisation antérieure du travail forcé. — L'échange vient après l'ordre économique primitif; l'artisan après l'esclave. — De la transformation moderne du monde économique et des moyens de production. — L'abandon de l'esclave au profit de la machine. — La question sociale. — Les progrès de la science et la machine. — La décadence de l'ordre économique et le chômage. — La famille économique n'est pas remplacée. — Réformes gratuites dans l'ordre politique. — L'individualisme et la liberté moderne. — La décadence de l'ordre politique. — Indépendance et insécurité politique des citoyens riches. — Indépendance et insécurité économique des citoyens pauvres. — Les progrès de la science et du chômage. — Le citoyen honoraire. — La restauration de l'ordre économique devient plus urgente à mesure que l'individualisme réduit l'importance de l'ordre politique.

CHAPITRE IV. — DES LIMITES DE LA SCIENCE..... 159

Insuffisance de l'opportunisme spiritualiste en matière de progrès. — Insuffisance du matérialisme lié à la méthode scientifique. — L'idéalisme marque la tendance du progrès en affirmant la relativité actuelle des choses. — La conscience atteint seul le devenir. — Des limites de la sensation. — Exclusivisme injustifié de la méthode scientifique. — Etendue et durée. — Insuffisance de l'essai de conciliation atomistique. — Déterminisme et liberté. — Quantité et progrès. — Atomisme. — Monadisme. — De la subordination nécessaire de la science. — De l'extension progressive de la méthode scientifique dans l'étude des questions politiques et économiques. — L'atomisme et l'associationisme dans l'étude des sciences sociales. — De la valeur — De l'organisme social. — Des limites de la science et des bases philosophiques du problème social.

CONCLUSION.. 216

LAVAL. — Imprimerie Parisienne, L. BARNÉOUD & Cie.

www.ingramcontent.com/pod-product-compliance
Lightning Source LLC
Chambersburg PA
CBHW060122170426
43198CB00010B/994